A LINGUÍSTICA HOJE
MÚLTIPLOS DOMÍNIOS

Conselho Acadêmico
Ataliba Teixeira de Castilho
Carlos Eduardo Lins da Silva
Carlos Fico
Jaime Cordeiro
José Luiz Fiorin
Tania Regina de Luca

Proibida a reprodução total ou parcial em qualquer mídia
sem a autorização escrita da editora.
Os infratores estão sujeitos às penas da lei.

A Editora não é responsável pelo conteúdo deste livro.
Os Organizadores e os Autores conhecem os fatos narrados, pelos quais são responsáveis,
assim como se responsabilizam pelos juízos emitidos.

Consulte nosso catálogo completo e últimos lançamentos em **www.editoracontexto.com.br**.

Gabriel de Ávila Othero
Valdir do Nascimento Flores
(Orgs.)

A LINGUÍSTICA HOJE
MÚLTIPLOS DOMÍNIOS

Copyright © 2023 dos Organizadores

Todos os direitos desta edição reservados à
Editora Contexto (Editora Pinsky Ltda.)

Montagem de capa e diagramação
Gustavo S. Vilas Boas

Preparação de textos
Dos organizadores

Revisão
Daniela Marini Iwamoto

Dados Internacionais de Catalogação na Publicação (CIP)

A linguística hoje : múltiplos domínios / organização de
Gabriel de Ávila Othero, Valdir do Nascimento Flores. –
São Paulo : Contexto, 2023.
192 p.

Bibliografia
ISBN 978-65-5541-375-5

1. Linguística
I. Othero, Gabriel de Ávila II. Flores, Valdir do Nascimento

23-5001 CDD 410

Angélica Ilacqua – Bibliotecária – CRB-8/7057

Índice para catálogo sistemático:
1. Linguística

2023

EDITORA CONTEXTO
Diretor editorial: *Jaime Pinsky*

Rua Dr. José Elias, 520 – Alto da Lapa
05083-030 – São Paulo – SP
PABX: (11) 3832 5838
contato@editoracontexto.com.br
www.editoracontexto.com.br

Sumário

Várias linguísticas, *uma* epistemologia da linguística 7
Valdir do Nascimento Flores e *Gabriel de Ávila Othero*

Biolinguística 19
Eduardo Kenedy

Etnolinguística 29
Ana Suelly Arruda Câmara Cabral e *Sanderson Castro Soares de Oliveira*

Geolinguística 41
Cléo Vilson Altenhofen

Linguística aplicada 55
Simone Sarmento

Linguística cognitiva 65
Lilian Ferrari

Linguística computacional 73
Leonel Figueiredo de Alencar

Linguística da enunciação 89
Valdir do Nascimento Flores

Linguística de *corpus* 103
Tony Berber-Sardinha, Simone Vieira Resende e *Marilisa Shimazumi*

Linguística do discurso 119
Carlos Piovezani e *Sírio Possenti*

Linguística forense 129
Carmen Rosa Caldas-Coulthard

Linguística textual 137
Alena Ciulla

Neurolinguística 149
Aniela Improta França

Psicolinguística 163
Ingrid Finger

Sociolinguística 173
Elisa Battisti

Os organizadores 181

Os autores 183

Várias linguísticas,
uma epistemologia da linguística

Valdir do Nascimento Flores
Gabriel de Ávila Othero

PRÓLOGO: A FORMULAÇÃO DO PROBLEMA

Este é o primeiro volume de um conjunto de dois livros em que nos propusemos a seguinte tarefa: apresentar um panorama atual do campo disciplinar conhecido sob a denominação de "a linguística". O primeiro volume, que o leitor tem em mãos, é intitulado *A linguística hoje: múltiplos domínios*; o segundo volume intitula-se *A linguística hoje: historicidade e generalidade*. Apesar da aparente simplicidade de um objetivo assim formulado, muitas são as dificuldades a serem superadas para efetivá-lo.

A primeira e mais evidente diz respeito à heterogeneidade da linguística hoje. Quantas teorias existem? Quantos métodos? Quantas escolas de pensamento? Quantos autores? Quantas interfaces disciplinares são possíveis? E a principal pergunta: há algo que permite unificar a linguística de forma que o uso do artigo definido "a" assinale tratar-se, efetivamente, de uma expressão referencial definida? Um epistemólogo desavisado poderia, apressadamente, responder: sim, o que unifica o campo é seu "objeto" e sua configuração "científica". Ora, sabemos bem, também não há unanimidade em torno do que pode ser considerado "o objeto" da linguística, nem mesmo em torno de sua configuração científica[1]. No segundo volume de nossos *Conceitos básicos de linguística* (Battisti, Othero e Flores, 2022), no capítulo intitulado "Linguística", nos esforçamos para mostrar os problemas que surgem quando encontramos respostas simplistas sobre o tema e, inspirados em Ferdinand de Saussure, em especial na noção de "ponto de vista" apresentada no *Curso de linguística geral* (CLG), defendemos a existência de *linguísticas*, no plural, com seus respectivos objetos, também no plural. Vale reiterar o que dissemos naquele momento:

8 A linguística hoje

> nada impede que se continue usando a expressão singular "a linguística" para referir, em seu conjunto, o campo de estudos que reúne diferentes abordagens de diferentes objetos, constituídos a partir da consideração da linguagem humana. O importante é ter-se clareza de que a designação singular não pode encobrir a multiplicidade constitutiva do campo. Ou seja, cabe resguardar o "direito à existência" dos vários estudos linguísticos existentes no mundo, pois é tão legítimo o ponto de vista de estudo criado por Saussure, no início do século XX, quanto aquele criado por Chomsky, na metade desse mesmo século, apenas para citar dois dos grandes expoentes do nosso tempo. Cada um mobiliza uma perspectiva própria de entendimento de linguística, de método para desenvolvê-la e de objeto a ser abordado (Battisti, Othero e Flores, 2022: 137).

Evidentemente, temos consciência de que a reiteração desse posicionamento teórico não resolve a questão que nos move aqui. No entanto, ele permite traçar um enquadramento, qual seja: o reconhecimento da diversidade de um campo não impede que busquemos falar dele, à moda foucaultiana, como um domínio em que se reconhece a estrutura de uma área e a configuração de saberes, ou seja, um "campo epistemológico": "a *epistémê* onde os conhecimentos [...] enraízam sua positividade e manifestam assim uma história que não é a de sua perfeição crescente, mas, antes, a de suas condições de possibilidade" (Foucault, 1995: 11). Essa história – uma "arqueologia", nas palavras de Foucault – dá "lugar às formas diversas do conhecimento empírico" (Foucault, 1995: 12). Isto é, o campo epistemológico da linguística, não obstante a heterogeneidade teórica e metodológica que o caracteriza, é o que permite que se reconheçam as condições e as configurações das possibilidades que organizaram (e organizam ainda hoje) um saber que se sobrepõe e que se quer válido em relação a outros saberes. Enfim, esse campo epistemológico é o que chamamos aqui de "a linguística"[2].

A segunda dificuldade que se nos apresentou decorre exatamente do que dissemos acima: admitida a heterogeneidade do campo, como abordá-la? Que ponto de vista adotar? Que princípios norteariam as escolhas?

Tais indagações exigiriam, cada uma, detida reflexão epistemológica. Observemos – apenas a título de exemplo, sem nenhuma pretensão de exaustividade ou de precisão de terminologia técnica – algumas especificidades que uma epistemologia da linguística deveria levar em conta: há *paradigmas* (historicismo, estruturalismo, relativismo, gerativismo, funcionalismo etc.); há *escolas* (gramática comparada, neogramáticos, glossemática, distribucionalista, de Praga, de

Várias linguísticas, *uma* epistemologia da linguística 9

Genebra etc.); há *teorias* (teoria das ondas, teoria das mudanças fonéticas, teoria do valor, teoria de princípios e parâmetros, teoria da variação etc.); há *níveis* de análise (fonologia, morfologia, léxico, sintaxe etc.); há *fenômenos* (aquisição da linguagem, tradução, mudança linguística etc.); há *interfaces* (sociolinguística, psicolinguística, etnolinguística etc.).

A partir dessa realidade, consideremos, ainda a título de exemplo meramente ilustrativo, um estudo que vise abordar a aquisição da linguagem. É possível encontrarmos uma investigação da aquisição da fonologia, de uma perspectiva gerativa, no quadro da teoria de princípios e parâmetros[3], por exemplo. Mas também podemos encontrar um estudo que vise abordar a aquisição da linguagem de um ponto de vista da teoria do valor de Ferdinand de Saussure, com ênfase em aspectos do léxico[4]. Ora, o que percebemos nesses dois exemplos? Cruzam-se *paradigmas* (gerativismo, em um caso; estruturalismo, em outro); *teorias* (princípios e parâmetros, em um caso; teoria do valor, em outro); *níveis* da análise linguística (fonologia, em um caso; léxico, em outro); e tudo para estudar o *fenômeno* da passagem da criança de *infans* a falante, a dita aquisição da linguagem.

Exemplos desse tipo podem ser multiplicados. O que todos evidenciarão é que não existe uma única maneira de fazer linguística, nem mesmo uma única linguística. Tem razão Benveniste, portanto, quando faz uma afirmação da qual retiramos, inclusive, parte do título deste capítulo: "Há *várias linguísticas*, há várias maneiras de praticá-las" (Benveniste, 1989: 39, grifo nosso).

E como essa realidade está presente nestes livros? Os livros foram concebidos a partir de um posicionamento ético-político sobre a linguística e, também, a partir de uma concepção epistemológica da área; ambos, esperamos, se evidenciam já desde o sumário das obras até a organização interna dos capítulos, que, como se verá, é similar para todos os textos.

Da perspectiva ético-política, quisemos fazer valer a máxima de Roman Jakobson (1974: 34), para quem "a linguística interessa-se pela linguagem em todos os seus aspectos". Ora, se Jakobson está certo – e acreditamos que sim –, têm direito à existência no interior da linguística todos os estudos que, de alguma forma, abordam a linguagem humana, reivindicando para si o estatuto de "uma" linguística. Certo está que seria impossível reunir numa obra introdutória e de dimensões definidas tudo o que existe hoje em dia no interior da linguística. Mas nos esforçamos para se fazer representar todos os grandes vieses de investigação: o social, o biológico, o formal, o cultural, o tecnológico, o aplicado etc.

Da perspectiva epistemológica, mais uma vez, é Benveniste quem dá a direção. Segundo ele, "a epistemologia é a teoria do conhecimento. Como é adquirido este conhecimento, isto não está dito por antecipação. Há muitas possibilidades de epistemologia. *A linguística é uma epistemologia*, pode-se considerá-la como tal" (Benveniste, 1989: 38). Ao que acrescenta: "a epistemologia, [...], ela se constrói e reconstrói continuamente a partir da ciência, tal como ela se faz" (Benveniste, 1989: 39, grifo nosso).

Enfim, *grosso modo*, ao levar em conta o que diz Benveniste, decidimos pensar a própria linguística como uma epistemologia. Admitido esse encaminhamento, para torná-lo consistente, seria necessário estabelecer as condições de existência da linguística como forma de conhecimento, ou seja, seria necessário mostrar como ela *se faz* como ciência. É a isso que procedemos no item seguinte, no qual desenvolvemos a ideia da "linguística como uma epistemologia de si própria", o que sintetiza a proposta que temos para compreender "a" linguística hoje.

ELEMENTOS DE UMA PEQUENA PROPOSTA: A LINGUÍSTICA COMO EPISTEMOLOGIA

Vamos partir aqui de uma formulação de Milner (2021), para quem a linguística é *scientia infima* e *scientia unica* porque seu objeto é *res unica*. Isso deriva, no raciocínio de Milner, do fato de a linguística ser uma ciência empírica, com instância de refutação definida (constituída a partir de dados contingentes das línguas), e uma ciência experimental, "na medida em que constrói ativamente as observações que darão lugar aos processos de refutação" (Milner, 2021: 147). No entanto, para Milner, esse processo experimental da linguística é "desprovido de ferramentas", quer dizer, desprovido de *observatório*, conforme suas palavras, pois "o exemplo", que seria a instância com o papel de ser o *observatório* da linguística, não é independente da teoria da qual busca ser exemplo. Cabe detalhar mais esse raciocínio.

Conforme Milner, as ferramentas experimentais dão "acesso à instância de refutação" (Milner, 2022: 147), quer dizer, elas "constroem a instância do *observatório*. Para que isso seja possível, convém que as ferramentas experimentais tenham uma independência lógica em relação às proposições submetidas ao teste" (Milner, 2021: 147). Vejamos um exemplo simples, dado por Milner:

> A luneta astronômica, por exemplo. A que se devem suas propriedades de observatório? Ao fato de que um conjunto definido de princípios científicos presidiu a sua construção; digamos, para resumir: uma ótica científica. A mesma observação valeria para todos os aparelhos de experimentação.

Uma experimentação, que colocaria em ação um aparelho – do qual nenhuma teoria científica suficiente fosse possível – não poderia ser inteiramente recebida. Ora, há aqui, observamos isso muitas vezes, um risco de circularidade; se a ciência física é um todo, como se poderia querer estabelecer a mínima proposição física nos fundamentando sobre uma experimentação que dependeria, ela própria, em parte, de fragmentos da teoria física? A resolução do círculo é, contudo, possível: é preciso e basta que o observatório em questão seja *localmente* independente. Dito de outro modo, as proposições das quais ele depende podem dizer respeito à ciência; elas podem, por essa razão, contudo, não depender da proposição, compreendida em sentido estrito, que a experimentação em questão objetiva testar. Desse modo, é verdade que proposições da teoria astronômica dependem da luneta, mas a ótica da qual a luneta depende é localmente independente da astronomia (Milner, 2021: 147-148, itálicos do autor).

Em outras palavras, a luneta reúne as propriedades de um observatório para a astronomia, pois sua existência independe da existência da astronomia. Nada disso acontece com a linguística, de acordo com Milner, pois "a instância que deveria ter o papel de observatório não pode se tornar completamente independente da própria teoria linguística" (Milner, 2021: 148-149). Que instância é essa? É o exemplo. Sobre isso, diz Milner (2021: 149):

Por exemplo, poderemos e deveremos testar proposições a respeito da passiva em uma língua, manipulando exemplos analisados sem nada prejulgar da natureza da passiva. Em contrapartida, nunca poderemos estabelecer, entre a análise linguística mínima suposta no menor exemplo e as proposições linguísticas submetidas ao teste, a relação de independência que articula, por exemplo, a astronomia e a ótica. Desse modo, o exemplo linguístico sempre supõe ao menos o uso de categorias linguísticas; ora, essas categorias, sua natureza e seu número, sua definição, não têm nada de evidente; e condicionam, de antemão, todas as proposições da ciência linguística: elas excluem dela, de antemão, certas proposições e, entre as proposições permitidas, estabelecem, de antemão, uma hierarquia preferencial.

E assim conclui Milner: "em suma, em linguística, existem experimentações, mas não existe observatório – ou, o que dá no mesmo, o que passa por observatório inclui sempre um fragmento de teoria linguística, que não pode

12 A linguística hoje

ser considerado totalmente independente do dado submetido à experimentação" (Milner, 2021: 150). Ou seja: se queremos falar sobre a passiva, tomá-la com exemplo, é necessário saber de antemão o que é a passiva, logo o exemplo contém a teoria de que é exemplo[5].

Essa particularidade faz da linguística uma *scientia infima* – porque "tem um objeto mínimo, de tal modo que não podemos descer além dele. [...] qualquer que seja o grau de formalização matemática de uma teoria, a última instância sempre será uma proposição enunciada em língua natural" (Milner, 2021: 151) – e uma *scientia unica* – porque não pode se basear em nenhuma ciência para construir o seu observatório. Além disso, ela é a única a poder falar da pertinência de seus dados. Mais uma vez, o exemplo dado por Milner é bastante ilustrativo:

> Em química, falamos do ferro, mas sabemos que outras ciências também falam: a física, por exemplo, pode enunciar proposições que, não dizendo especificamente respeito ao ferro, lhe concernem ao menos de modo geral e como um caso particular (por exemplo, as leis da gravidade concernem ao ferro, como a qualquer outra matéria, e a química pode e deve considerar, no que concerne ao ferro, tais leis igualmente, sem ter que justificá-las em termos propriamente químicos). Isso permite, em contrapartida, que a química possa, se necessário, esperar de outras ciências uma confirmação que é independente de suas próprias hipóteses (Milner, 2021: 152).

Agora, por comparação, Milner esclarece seu raciocínio:

> Ora, que outra ciência, além da linguística, falará do grupo nominal? Sem dúvida, diremos, trata-se aqui de uma noção técnica, de modo que o exemplo é falseado. Porém, se for preciso se deter no dado bruto, que outra ciência, além da linguística, falará da palavra *homem*, da palavra *o*, do fonema /p/ etc.? Quando efetivamente uma ciência não linguística fala de tais coisas, é fácil perceber que, na realidade, por um instante, ela adota o ponto de vista da gramática (caso se detenha em uma abordagem elementar) ou da linguística (caso se imagine mais sofisticada) (Milner, 2021: 152-153).

Então, a linguagem é *res unica*, "pois somente há uma única espécie de seres falantes: só a espécie humana fala e, se a linguagem tem propriedades, todos os membros da espécie humana compartilham essas propriedades" (Milner:

2022: 267). Por fim, conclui Milner, a combinação *scientia infima, sciencia unica* e *res unica* coloca a linguística num lugar muito particular: "o objeto da linguística é objeto de ciência somente para ela: ela tem tudo a dizer sobre ele, mas também é a única a falar dele e não o compartilha, ainda que parcialmente, com nenhuma outra ciência" (Milner, 2022: 155).

Sem dúvida, o raciocínio de Milner é bem mais complexo do que nossa exposição deixa entrever; no entanto, ela é suficiente para embasar nossa perspectiva aqui, qual seja: por ser *scientia infima* e *scientia unica* e por incidir sobre um objeto que é *res unica* é que a linguística pode ser considerada uma epistemologia, como quer Benveniste; e isso no sentido de ser uma *epistemologia única*, vendo como essa *scientia* que é *infima* e *unica* e que incide sobre uma *res* que também é *unica* constrói-se e reconstrói-se, continuamente, ou seja, uma epistemologia de si mesma.

Nessa direção, gostaríamos de delimitar uma atitude que, segundo pensamos, está na origem da linguística como *epistemologia única*: a formalização de (um) objeto (cf. Benveniste, 1988). Falemos um pouco sobre isso.

Benveniste (1988: 7), em um texto não à toa intitulado "Tendências recentes em linguística", assim explica a passagem da linguística à cientificidade: "dizer que a linguística tende a tornar-se científica não é apenas insistir sobre uma necessidade de rigor, comum a todas as disciplinas. Trata-se, em primeiro lugar, de uma mudança de atitude em relação ao objeto, que se definirá por um esforço para formalizá-lo". Ora, talvez seja prudente fazer aqui uma distinção (clássica) entre objeto empírico e objeto teórico. Dito de outro modo, o primeiro é o dado "bruto", para usar uma expressão corrente; o segundo, a construção do linguista para explicar/descrever esse dado "bruto", ou seja, um ponto de vista teórico.

Embora se possa considerar que nunca um dado seja literalmente "bruto", já que não existe observação "bruta" – e isso menos ainda em matéria de dado linguístico, como deixa entrever a formulação milneriana, acima, da linguística como uma ciência experimental sem observatório –, pode-se supor que, por exemplo, quando Saussure diz que o objeto da linguística é "a língua" (*langue*) e que essa língua é um sistema de signos, ele está propondo a construção de um objeto teórico (a língua como sistema), obtido a partir da observação dos dados "brutos" que são as línguas (as diferentes línguas do mundo). *Mutatis mutandis*, quando Chomsky faz a distinção entre língua-I e língua-E e delimita como objeto da linguística a língua-I, ele também propõe a construção de um objeto teórico (a língua como uma propriedade cognitiva específica da espécie humana). O que interessa aqui é que, de um lado, se reconheça que a linguística

14 A linguística hoje

se caracteriza exatamente pela tentativa de formalizar um objeto; de outro lado, que não se confunda o empírico com o teórico.

Ora, nesse sentido, a formalização do objeto – o que poderíamos chamar, na esteira de Culioli (2000), de *a passagem do empírico ao formal* – não se dá nem da mesma maneira para todos os linguistas nem sobre os mesmos dados "brutos". Essa *passagem* não ocorre sempre do mesmo modo; e comprova isso a existência de quadros teóricos distintos. Nesse sentido, há muitas maneiras de passar do empírico ao formal.

Sobre o uso de formal aqui, cabe um esclarecimento: ao defender que a passagem do empírico ao formal é inerente ao fazer do linguista e à configuração epistemológica da linguística, não estamos querendo dizer que todas as linguísticas são formalistas; queremos apenas destacar que todas as linguísticas buscam, em algum nível, formalizar o empírico do qual partem. Assim, a linguística entendida como *epistemologia única* deveria ter, entre suas primeiras atribuições, dar a conhecer as diferentes possibilidades da passagem do empírico ao formal.

Mais uma vez, é Milner (1992: 19) quem explica:

> em linguística, a maioria das teorias verdadeiramente interessantes são criadoras de seu próprio paradigma: elas apresentam proposições que afetam a integralidade da construção da ciência: seus conceitos fundamentais, a forma de suas demonstrações, a definição do objeto, a relação com a observação empírica etc. Assim é a linguística estrutural, a linguística chomskiana ou a linguística enunciativa de Culioli.

A passagem do empírico ao formal se mostra diferentemente em linguísticas diferentes. Ilustramos isso ao retomar, acima, a formulação do objeto da linguística proposta por Saussure ou por Chomsky. Mas outros exemplos não faltam.

Guimarães (2017: 61) abre um item de seu livro que introduz à gramática gerativo-transformacional (GGT) para discutir o que chama de "a legitimidade da base empírica da GGT". Guimarães não fala em *empírico* e *formal*; na verdade, ele opera com uma terminologia mais próxima a Chomsky – *dados* e *fatos* –, mas cujo alcance, acreditamos, é semelhante ao que temos colocado. Observe-se a passagem de Chomsky (1961: 219) citada por Guimarães[6] (2017: 61):

> É importante, de saída, fazer uma distinção entre *dados* e *fatos*. Os dados do linguista consistem em certas observações sobre a forma e o uso de enunciados. Os fatos sobre a estrutura linguística que ele almeja

descobrir vão muito além dessas observações. A gramática de uma língua particular é, em efeito, uma hipótese sobre os princípios de formação de sentenças nessa língua. Ela representa uma afirmação factual sobre as regras subjacentes aos dados coletados. Julgamos a veracidade ou falsidade dessa hipótese avaliando quão bem-sucedida é a gramática em organizar os dados, o quão satisfatória é uma explicação que ela fornece para uma gama de observações empíricas, o quão longo é o alcance de suas generalizações, o quão eficazmente ela acomoda novos dados. Uma enormidade de dados está disponível para qualquer falante nativo. No entanto, os fatos mais profundos da estrutura linguística permanecem escondidos dele.

Ora, a formulação chomskiana é clara: os *dados* estão ligados ao campo da observação; os *fatos*, à gramática, ou seja, ao campo da formalização e, portanto, das hipóteses sobre a linguagem. Ou, como afirma Guimarães (2017), ao falar da constante reavaliação a que a GGT submete a sua investigação:

> em muitos pontos mais difíceis em que ainda somos incapazes de prover um formalismo totalmente explícito, permitimo-nos semiformalizações (categorias, regras, princípios, etc., calcados em nossas ferramentas cotidianas de diagramação arbórea e afins) imprecisas nos planos de adequação superiores, porém, satisfatórias nos inferiores, dando assim o primeiro passo lógico rumo a explicações genuínas (Guimarães, 2017: 118).

A isso, acrescenta o autor: "mas há o compromisso constante de, tão logo consigamos descrever bem o padrão com um jargão semiformal, formalizarmos efetivamente o fenômeno, fazendo previsões cada vez mais explícitas e testáveis" (Guimarães, 2017: 118).

Enfim, ao seguirmos a intuição de Benveniste de ver a linguística como uma epistemologia, como a sua própria epistemologia, uma *epistemologia única*, defendemos que uma maneira de fazer isso é evidenciar as numerosas possibilidades que o conhecimento encontrou para passar do "reino da despalavra" de que nos fala Manoel de Barros – de onde "vem que todos os poetas podem humanizar as águas" e de onde "vem que todos os poetas devem aumentar o mundo com as suas metáforas" – ao reino do *logos* do qual fala Platão – o mundo das formas que residem na entrada da caverna, no empíreo que serve de morada para os que ousam olhar para fora dela.

EPÍLOGO

Na primeira aula do ano de 1968, no *Collège de France*, em um curso que viria a ser o último de sua vida, Benveniste (2014: 90, grifo nosso) assim começa sua exposição:

> Vamos, portanto, continuar falando de problemas de "linguística geral". Uma noção que pode ser entendida em diversos sentidos. Podemos dar ao termo "geral" um valor dimensional: o conjunto das línguas, as leis de sua evolução. Tal como eu a compreendo, *a linguística geral é a linguística que se interroga sobre si mesma, sobre sua definição, sobre seu objeto, sobre seu estatuto e sobre seus métodos*. Trata-se, portanto, de uma interrogação incessante, que se desenvolve, que se renova, na medida em que a experiência do linguista se aprofunda e que seu olhar se amplia.

Não podemos deixar de assinalar que a definição de "linguística geral" dada por Benveniste neste momento coincide com o entendimento que ele próprio tem da *linguística como uma epistemologia*. Poderíamos ler nessa coincidência o prenúncio de uma outra "linguística geral", diferente daquela que acendeu as luzes da ciência no final do século XIX? A "linguística geral" hoje teria, talvez, vocação para ser uma *epistemologia única*?

Notas

[1] Uma problematização bastante interessante dessas e de outras questões pode ser encontrada nos dois primeiros capítulos do livro de Borges Neto (2004) intitulados, respectivamente, "Diálogo sobre as razões da diversidade teórica na linguística" e "De que trata a linguística afinal?". Outra problematização interessante, sob outro enfoque, é a discussão apresentada por Milner, em Milner (2021).

[2] Desnecessário dizer que essa "solução" que apresentamos para o problema epistemológico colocado tem alcance limitado a este livro e, principalmente, ao seu leitor pretendido: um iniciante nos estudos linguísticos. Uma reflexão epistemológica de maior fôlego exigiria encaminhamentos distintos. Sobre isso, ver, por exemplo, o já mencionado Milner (2021), uma exposição clara da ciência galileana em sua relação com a linguística – no caso, a formulada por Noam Chomsky e a Escola de Cambridge.

[3] Inclui-se em nosso exemplo hipotético o estudo de Mezzomo (2009), que, segundo a autora, objetiva "discutir, à luz da teoria de P&P [princípios e parâmetros], possíveis direções seguidas pela criança em relação aos domínios linguísticos. Essa discussão é tecida mediante análise do processo de aquisição de coda por falantes do PB [português brasileiro] com desvio fonológico evolutivo (DFE), bem como através da comparação com dados de normalidade" (Mezzomo, 2009: 55).

[4] Ver por exemplo o estudo de Figueira (2016), "Em torno da analogia: a contribuição de Saussure para a análise da fala da criança".

[5] Veja, por exemplo, o Observatório Sintático do Português Brasileiro (sites.google.com/view/ospb), em que quatro linguistas brasileiros coletam e elencam construções sintáticas "inovadoras" e discutem alguns pontos relacionados à discussão que apresentamos aqui.

[6] Trata-se do artigo de Noam Chomsky, de 1961, "Some Methodological Remarks on Generative Grammar" (cf. "Referências"). Optamos por citar a tradução de Guimarães (2017) por dois motivos: primeiro para chamar a atenção para a reflexão presente no livro de Guimarães, uma reflexão extremamente elucidativa, mas nem sempre explicitada em livros de introdução à teoria de Chomsky; segundo porque a tradução nos pareceu adequada aos nossos propósitos aqui.

Referências

BARROS, M. de. *Poesia completa*. São Paulo: Leya, 2010.

BATTISTI, E.; OTHERO, G. de A.; FLORES, V. do N. *Conceitos básicos de linguística*. Sistemas conceituais. São Paulo: Contexto, 2022.

BENVENISTE, É. *Problemas de linguística geral I*. Trad. Maria da Glória Novak e Maria Luisa Neri. Campinas: Editora da Unicamp, 1988.

BENVENISTE, É. *Problemas de linguística geral II*. Trad. Eduardo Guimarães et al. Campinas: Editora da UNICAMP, 1989.

BENVENISTE, É. *Últimas aulas no Collège de France 1968 e 1969*. Trad. Daniel Costa da Silva et al. São Paulo: Editora Unesp, 2014.

BORGES NETO, J. *Ensaios de filosofia da linguística*. São Paulo: Parábola Editorial, 2004.

CHOMSKY, N. Some Methodological Remarks on Generative Grammar. *WORD*, v. 17: n. 2, 1961. pp. 219-239. Disponível em: <https://doi.org/10.1080/00437956.1961.11659755>. Acesso em: abr. 2023.

CULIOLI, A. La formalisation en linguistique. In: CULIOLI, A. *Pour une linguistique de l'énonciation*. Formalisation et opérations de repérage. Paris: Ophrys, 1999.

CULIOLI, A. La linguistique: de l'empirique au formel. In: CULIOLI, A. *Pour une linguistique de l'énonciation*. Opérations et représentations. Paris: Ophrys, 2000.

FIGUEIRA, R. A. "Em torno da analogia: a contribuição de Saussure para a análise da fala da criança". *PROLÍNGUA*, V. *10*, n. 1, 2016. Disponível em: <https://periodicos.ufpb.br/index.php/prolingua/article/view/27596>. Acesso em: abr. 2023.

FOUCAULT, M. *As palavras e as coisas:* uma arqueologia das ciências humanas. Trad. Salma Tannus Muchail. São Paulo: Martins Fontes, 1995.

GUIMARÃES, M. *Os fundamentos da teoria linguística de Chomsky*. Petrópolis: Vozes, 2017.

JAKOBSON, R. *Linguística e comunicação*. Trad. Izidoro Blikstein e José Paulo Paes. São Paulo: Cultrix, 1974.

MEZZOMO, C. L. A ativação do parâmetro da rima ramificada nos casos de desvio fonológico evolutivo. In: FERREIRA-GONÇALVES, G.; KESKE-SOARES, M.; BRUM-DE-PAULA, M. (orgs.). *Estudos em aquisição fonológica*. V. 2. Santa Maria: Sociedade Vicente Palloti, 2009.

MILNER, J-C. De Quelques aspects de la théorie d'Antoine Culioli projetés dans un espece non énonciatif. In: *La théorie d'Antoine Culioli*. Ouvertures et incidences. Paris: OPHRYS, 1992.

MILNER, J-C. *Introdução a uma ciência da linguagem*. Trad. Daniel Costa da Silva et al. Petrópolis: Vozes, 2021.

SAUSSURE, Ferdinand de. *Curso de linguística geral*. Trad. Antônio Chelini et al. São Paulo: Cultrix, 1975.

Biolinguística

Eduardo Kenedy

O QUE É BIOLINGUÍSTICA?

Desde o século XIX, com as ideias de Charles Darwin, as ciências biológicas têm confirmado que os seres humanos são animais, mamíferos que pertencem à ordem dos primatas e se autodenominam *Homo Sapiens*. Na mesma época, Alfred Wallace, que, ao lado de Darwin, foi o codescobridor da seleção natural, inaugurou uma tradição científica que excluía dos estudos biológicos as capacidades sociocognitivas do *Homo Sapiens*. Essa tradição se mantém forte até o presente. Influentes cientistas contemporâneos defendem a hipótese de que os humanos, em algum ponto recente de sua história, teriam inventado a cultura civilizada e, a partir de então, teriam passado a viver como seres socioculturais, abandonando definitivamente a sua ancestralidade mamífera e primata (cf. Tomasello, 2003).

Por outro lado, um crescente número de pesquisadores atuais tem se dedicado a investigar as possíveis raízes biológicas da cognição e das práticas socioculturais humanas (cf. Sapolsky, 2021). Esses estudiosos suspeitam que as diferentes culturas espalhadas pelo mundo podem não ter sido criadas sem qualquer relação com a biologia do *Homo Sapiens*. Justamente pelo contrário, investigam a possibilidade de certos comportamentos socioculturais quintessencialmente humanos serem expressões de traços biológicos herdados pela espécie ao longo de sua história evolucionária. A biolinguística pretende ser uma dessas ciências. Seu objetivo é investigar em que medida o evidente patrimônio cultural que é a linguagem humana manifestada nas diversas línguas conhecidas pode resultar de algumas predisposições biológicas do animal humano.

Com efeito, a biolinguística hoje existente é ainda um projeto científico. Não se trata de uma ciência já plenamente consolidada. É por isso que um leitor que folheie livros, artigos ou revistas que se atribuem o termo "biolinguística" não

20 A linguística hoje

encontrará neles informações a respeito das moléculas e das células que dão origem à capacidade linguística humana, ou sobre como a disposição genética para uma língua, seja essa qual for, está inscrita no genoma com o qual nascem todos os bebês da espécie. Nenhuma dessas informações é sequer conhecida pelas ciências. O que a biolinguística dos dias atuais se propõe a fazer é identificar os traços das línguas humanas que potencialmente decorrem de substratos biológicos da espécie e, assim, num futuro talvez não tão longínquo, serão passíveis de alguma caracterização em termos de moléculas, células, DNA etc.

O QUE A BIOLINGUÍSTICA ESTUDA?

Objetos de estudo estritamente biológicos são raros na biolinguística em seu estado atual. Um dos poucos exemplos foi a famosa pesquisa acerca da influência do gene FOXP2 na aquisição da morfossintaxe de uma língua por bebês e crianças (cf. Hurst et al., 1990). O FOXP2 possui cerca de 2.500 unidades de DNA e a má formação de apenas uma delas apresenta o correlato comportamental de dificuldades na produção e na compreensão de certas estruturas linguísticas, tais como conjugação verbal e flexão nominal. Na verdade, não se concluiu se o FOXP2 seria de fato um dos inúmeros grupos de genes que devem convergir para desenvolver a habilidade linguística humana típica ou se se trata de um componente biológico de outra natureza, relacionado à comunicação social ou à inteligência geral. Seja como for, o caso do FOXP2 é uma boa ilustração de um estudo efetivamente *bio*linguístico.

Considerando-se a biologia em seu sentido mais amplo, destacam-se na biolinguística contemporânea algumas pesquisas dedicadas à etologia comparativa (cf. Fitch, 2000). Biolinguistas dessa área investigam as capacidades de vocalização de animais não humanos, como pássaros e macacos, na busca de traços protolinguísticos que possam revelar as origens mais remotas da expressão de uma língua pela fala e a sua percepção pela audição. Nessa mesma esteira evolucionista, a biolinguística desenvolve pesquisas junto da antropologia e da arqueologia – ciências auxiliares da biologia na pesquisa sobre macroevolução (cf. Tattersall, 1998). Estudos desse tipo procuram estimar, com base em artefatos descobertos em pesquisas arqueológicas, o período provável da emergência da capacidade de produzir e de compreender (e, portanto, de inventar) uma língua no *Homo Sapiens* moderno – e talvez em outras espécies entre as cerca de vinte do gênero humano, todas hoje extintas. Essa biolinguística conduz as suas pesquisas por meio da metodologia inferencial da paleontologia e, dessa forma, pode deduzir se uma espécie *Homo* possuía ou não capacidade linguística em função de terem sido encontrados ou não junto a seus fósseis registros arqueológicos que indiquem a existência de pensamento de natureza simbólica (adornos corporais, totens, ferramentas etc.). A hipótese subjacente a esse tipo de pesquisa é a de que a criação e o uso de símbolos pressupõem a existência de uma cognição sofisticada associada à origem das capacidades linguísticas tipicamente humanas.

Dentro da linguística puramente teórica, a biolinguística costuma assumir um caráter abstrato e conceitual. A origem moderna desse tipo de biolinguística remonta pelo menos aos trabalhos de Noam Chomsky nos anos 1950. Chomsky formulou então – e vem (re)formulando até o presente – diversos argumentos formais e lógicos em favor da existência de capacidades linguísticas inatas aos seres humanos. Mais recentemente, o célebre linguista formulou, em um influente artigo escrito em parceria com dois biólogos (Hauser, Chomsky e Fitch, 2002), a hipótese de que a capacidade de criar estruturas sintáticas de maneira recursiva seria, ao mesmo tempo, a única habilidade humana exclusivamente linguística e a única habilidade cognitiva exclusivamente humana. Com essa proposta radical, Chomsky sugeriu que quase todos os traços linguísticos das línguas conhecidas teriam evoluído de sistemas cognitivos não linguísticos e seriam em alguma medida compartilhados com outros animais.

Muitos linguistas importantes discordaram da proposta minimalista extrema de Chomsky e, então, iniciaram um debate acerca de quais traços das línguas conhecidas devem ser considerados especificamente linguísticos e unicamente humanos e, assim, podem ser decorrentes da evolução biológica mais recente da espécie. Por exemplo, Ray Jackendoff e Steven Pinker (2005) reuniram diversos argumentos a fim de sustentar, por um lado, que a recursividade sintática não é um fenômeno exclusivamente linguístico e, por outro, que existem inúmeros traços linguísticos especificamente humanos que, como tais, devem ser consequência dos substratos biológicos do *Homo Sapiens*. Além disso, um crescente número de linguistas não gerativistas tem se dedicado ao tema *línguas e evolução*. Esses biolinguistas exploram a possibilidade de a capacidade linguística ter emergido gradualmente na natureza, há milhões de anos já nos primeiros primatas não humanos, como resultado de pressões seletivas ambientais como a comunicação e a interação social (cf. Givón, 2002). Discussões como essas são o melhor que a biolinguística é capaz de produzir atualmente nos limites da linguística teórica.

QUAIS SÃO AS GRANDES LINHAS DE INVESTIGAÇÃO?

A maior linha de investigação da biolinguística contemporânea é a já mencionada evolução da capacidade linguística humana. Tal linha foi batizada como "evolução da linguagem" e diz respeito à pesquisa sobre a emergência no *Homo Sapiens* – e possivelmente noutras espécies do gênero *Homo* – da predisposição biológica para a aquisição e o uso de línguas. Nos dias de hoje, todos os bebês humanos saudáveis aparentam possuir essa predisposição. Mas quando ela teria surgido na espécie?

Outras duas linhas de investigação em biolinguística estão intimamente relacionadas à evolução da linguagem: as já mencionadas etologia comparativa e microbiologia das línguas. A etologia está a serviço dos estudos evolutivos porque, como foi visto, busca encontrar noutras espécies homologias ou analogias das habilidades linguísticas dos *Sapiens*, construindo, dessa forma, conhecimento sobre as diferentes formas de expressão de linguagem na natureza. É nesse contexto de linguagem natural que a capacidade linguística humana deve ou ter evoluído de maneira lenta e gradual ao longo de milhões de anos, ou ter emergido de forma abrupta, com alguma mutação súbita ocorrida nas últimas dezenas de milhares de anos. Por seu turno, a microbiologia das línguas é uma área praticamente inexistente hoje, porém o seu desenvolvimento é fundamental não apenas para materializar a capacidade linguística humana nos termos da biologia de fato (moléculas, células, genes), mas também para permitir o estudo mais preciso da evolução da linguagem, que será então complementar à metodologia inferencial da paleontologia.

A aquisição das línguas específicas em condições típicas ou atípicas é outra linha de investigação da biolinguística. Normalmente, estudos dessa linha são conduzidos por psicolinguistas ou neurocientistas da linguagem que não necessariamente se compreendem como biolinguistas. Por exemplo, alguns desses estudos têm identificado a precocidade com que fetos humanos típicos iniciam a aquisição da língua (ou línguas) de seu ambiente ainda no útero materno, a partir do sexto mês da gestação, assim que o seu sistema auditivo entra em funcionamento (cf. Wermker et al., 2007). Para os biolinguistas, tal precocidade deve ser motivada por alguma disposição biológica presente no feto. As pesquisas aquisicionistas também têm indicado a existência de diversos períodos sensíveis (*sensitive periods*, em inglês) no curso do amadurecimento biológico dos bebês, dentro dos quais certos traços linguísticos são adquiridos de uma maneira específica, isto é, de um modo diferente do que se passará noutros momentos da vida desses indivíduos (cf. Kuhl, 2011). Por exemplo, alguns estudos recentes identificaram que bebês com até 12 meses de idade são capazes de distinguir perceptualmente qualquer oposição fonética apresentada ao seu aparelho auditivo, independentemente de essa oposição ocorrer na língua de seu ambiente ou não. Mas, a partir dos 12 meses, os bebês já passam a sofrer da chamada "surdez fonológica", ou seja, não mais conseguem perceber quaisquer contrastes fonéticos, mas apenas aqueles existentes e fonologicamente relevantes em sua língua. Para os biolinguistas, essa fronteira fonético-fonológica aos 12 meses deve ser motivada por algum amadurecimento biológico programado no cérebro dos bebês.

Por fim, os estudos acerca da neurofisiologia das línguas é outra linha de investigação, conduzida por experimentalistas, que possui impacto sobre os interesses da biolinguística. A identificação precisa dos circuitos neuronais, da bioquímica dos neurotransmissores e da irrigação sanguínea que, no córtex cerebral, dão vida à capacidade linguística humana é uma etapa importante no desenvolvimento do projeto biolinguístico. Nos casos típicos e atípicos da aquisição e do uso de línguas, os biolinguistas têm interesse em descobrir em qual medida, se alguma, os sistemas que implementam no cérebro a produção e a compreensão de uma língua falada (ou sinalizada) são especificamente linguísticos ou compartilhados com outros domínios da cognição humana. Num caso ou no outro, também precisam investigar em que extensão tais sistemas são como são em função de aprendizado com o ambiente e de pré-programação genética. O estudo da perda de capacidade linguística, como no caso das afasias, de problemas de desenvolvimento linguístico, como no déficit específico da linguagem, e de outras situações de aquisição e uso de línguas em situações atípicas, como nas síndromes de Down e de Willians e no espectro do autismo, têm sugerido que a neurobiologia da capacidade linguística humana possa ser fortemente seletiva e especializada, não obstante o seu entrelaço profundo com outras habilidades cognitivas, tais como a memória e a sociointeração (cf. Sicuro-Correa, 2006).

QUE ESTUDOS PODEM SER DESENVOLVIDOS COM A BIOLINGUÍSTICA?

O amadurecimento da biolinguística é uma realidade ainda distante porque, na verdade, hoje são raros os casos de linguistas que frequentam laboratórios de biologia ou participam de expedições arqueológicas. Por isso mesmo, atualmente os tipos de estudos mais interessantes que esses biolinguistas podem conduzir são aqueles que buscam identificar comportamentos linguísticos e seus correlatos neurofisiológicos que não podem ser atribuídos ao aprendizado com o ambiente e, assim, devem decorrer de alguma inclinação natural do próprio organismo humano. Além disso, os biolinguistas têm interesse em investigar amostras de línguas específicas muito maiores do que as que hoje são contempladas pela linguística. Com efeito, os dados de estudos experimentais sobre aquisição de língua por bebês, por exemplo, não recobrem nem 1% das línguas existentes hoje em dia, e mesmo quando se consideram famílias linguísticas não são representativos de sequer 7% das famílias contemporâneas (cf. Lieven, 2010). Dois exemplos serão úteis para ilustrar como esse empreendimento biolinguístico – de inferência e a partir de línguas subestudadas – pode ser levado a cabo neste primeiro quarto do século XXI.

O primeiro é o caso Simon. Simon era uma criança surda em sua primeira infância quando foi estudada por Singleton e Newport (2004). Trata-se de uma criança surda filha de pais igualmente surdos. Logo, Simon pôde ter acesso a uma língua perceptível por seu aparelho sensorial assim que nasceu, pois os seus pais sinalizavam entre si e com ele. Os pais de Simon, entretanto, não tiveram a mesma sorte. Ambos nasceram em famílias de ouvintes que nunca haviam aprendido qualquer língua de sinais. Com os pais de Simon aconteceu o que é muito comum com pessoas surdas: ter acesso a uma língua ambiental sinalizada apenas quando já é muito tarde, normalmente durante a adolescência, época em que os centros sociais para surdos são por eles descobertos. Nenhum dos dois, portanto, adquiriu a sua língua de sinais durante a infância e, por isso mesmo, ambos apresentam em suas sinalizações algumas disfluências características de um aprendizado incompleto. O modelo de língua de sinais apresentado a Simon em seu ambiente linguístico é, por conseguinte, uma versão não nativa da American Sign Language (ASL, sigla inglesa para língua de sinais americana).

Singleton e Newport quantificaram os erros cometidos pelos pais de Simon em certos sinais complexos da ASL relacionados a verbos que indicam movimento no espaço. Os dois cometiam erros ao sinalizar verbos desse tipo mais de 50% das vezes. Esse é um desempenho muito diferente do registrado com surdos que adquiriram a ASL precocemente, os quais raramente cometem equívocos na sinalização desses mesmos verbos. A expectativa dos estudiosos era que Simon apresentasse um desempenho em ASL tão precário quanto o de seus pais na sinalização dos verbos de movimento, afinal eles são a única fonte da qual Simon se servia para construir a sua própria capacidade de sinalizar em

ASL. Todavia, as sinalizações de Simon não revelaram uma mera reprodução da sinalização dos pais. Ele impôs, por si mesmo, regularizações gramaticais na sinalização de verbos de movimento de tal modo que os seus sinais nesses itens são indistinguíveis das sinalizações de nativos da ASL, aos quais Simon nunca teve acesso. Os erros de Simon na produção dos sinais analisados no estudo não ultrapassavam 15% – o mesmo índice de crianças da mesma idade em fase de aquisição da ASL filhas de pais surdos nativos da língua. Tal descoberta parece indicar que o cérebro de Simon criou por conta própria certas estruturas linguísticas inexistentes no ambiente da criança, as quais coincidem com as estruturas da ASL plenamente gramaticalizada. Ora, o que se passou no cérebro de Simon para que isso acontecesse? Quais substratos biológicos produziram esse fenômeno? Para responder a essas perguntas, a biolinguística ainda precisa amadurecer entre as ciências biológicas.

O segundo exemplo é a criação, pelas próprias crianças em fase de aquisição, de uma língua de sinais, como o famoso caso da Língua de Sinais Nicaraguense (LSN). Para compreender o caso, veja-se o que diz, em tradução livre, Matthew Traxler, um crítico das posturas linguísticas nativistas, especialmente as chomskianas.

> Na Nicarágua, antes da revolução sandinista (1977), as crianças surdas tendiam a crescer isoladas umas das outras e a grande maioria delas havia nascido de pais ouvintes não sinalizantes. Assim, essas crianças surdas não dispunham de um modelo de língua de sinais que pudessem adquirir durante a sua infância. A maior parte delas desenvolveu sistemas de "sinais caseiros", gestos idiossincráticos que lhes permitiam pelo menos se comunicar com os seus cuidadores e familiares. A partir de 1977, foi criada uma escola central para surdos, que reunia crianças surdas de todas as partes do país, feito inédito na Nicarágua. As crianças passaram a ser ensinadas oficialmente por professores que usavam métodos bastante precários (oralização e leitura labial), mas as crianças começaram a se comunicar entre si em seu tempo livre usando seus próprios gestos. Desde cedo, o sistema de gestos usados pelas crianças surdas nesse momento de interação informal e não guiada estabeleceu um vocabulário padrão e amplamente compartilhado, mas o sistema carecia de muitos dos recursos gramaticais existentes em línguas completas. Ao longo do tempo, conforme crianças mais novas eram inseridas naquele contexto social, elas adicionavam espontaneamente, na língua sendo criada, as características gramaticais normalmente encontradas

em outras línguas de sinais já conhecidas. Isso acontecia apesar do fato de essas crianças surdas não terem sido expostas a nenhum modelo de língua sinalizada por adultos. Uma forma de explicar esse fenômeno é propor que o patrimônio genético dessas crianças tenha fornecido as ferramentas mentais de que elas precisavam para "inventar" um sistema gramatical (Traxler, 2012: 17).

O caso Simon e o caso da LSN são, na verdade, o mesmo: o flagrante de crianças que criam a gramática de uma língua por si mesmas, de maneira inconsciente e espontânea. Nas duas ocasiões, o que se vê é provavelmente a atuação das predisposições genéticas das capacidades linguísticas do animal humano. São predisposições como essas que a biolinguística pretende revelar em níveis macro e microbiológicos.

O QUE EU PODERIA LER PARA SABER MAIS?

Títulos em língua portuguesa explicitamente de biolinguística são raros. Em face disso, uma boa estratégia de iniciação na área é ler os textos mais clássicos e alguns mais específicos para, a partir deles, evoluir a outras fontes (e por fim ter acesso ao vasto material disponível em inglês sobre o tema).

O livro *O instinto da linguagem*, de Steven Pinker, é um clássico e um *best-seller*. Apesar de não utilizar a palavra "biolinguística", o termo pouco científico "instinto" já no título não deixa dúvidas sobre a perspectiva biologizante da narrativa do autor. Trata-se de uma leitura muito fácil e agradável que não possui pré-requisitos acadêmicos de nenhuma natureza.

Por que apenas nós? Linguagem e evolução é uma coleção de textos recentes escritos por Robert Berwick e Noam Chomsky. Nesse livro, o termo biolinguística é usado explicitamente, tanto em referência a pesquisas sobre evolução da linguagem quanto a questões mais específicas da linguística teórica gerativista.

Comporte-se: a biologia humana em nosso melhor e pior é obra-prima de Robert Sapolsky. Trata-se de um contraponto às outras sugestões de leitura: desta vez, o livro vai apresentar muita biologia e pouca linguística em meio a diversos outros tipos de comportamentos socioculturais, além das línguas.

Do biolinguista brasileiro Vitor Nóbrega, duas leituras são essenciais: *Como surgiu a linguagem?* e *O problema de Wallace-Darwin*. Além disso, embora possua um caráter mais técnico, a tese de doutorado do autor é também uma boa maneira de se iniciar no assunto e nas fontes por ele usadas – sua tese se intitula *Abordagem isomórfica: a articulação entre o léxico e a sintaxe na emergência da linguagem*, defendida na USP em 2018, sob orientação da professora Ana Paula Scher.

Além desses títulos, mais três obras em português completam a bibliografia básica de introdução ao empreendimento da biolinguística. São eles Chomsky (2018a; 2018b) e Penz; Ibaños (2018).

Referências

BERWICK, R.; CHOMSKY, N. *Por que apenas nós?* Linguagem e evolução. Trad. Gabriel de Avila Othero e Luísandro Mendes Souza. São Paulo: Ed. UNESP, 2017.

CHOMSKY, N. *Que tipo de criaturas somos nós?* Trad. Gabriel de Ávila Othero e Luisandro Mendes. Petrópolis: Vozes, 2018.

CHOMSKY, N. Sobre mentes e linguagem. *ReVEL*, v. 16, n. 31, 2018. Trad. Gabriel de Ávila Othero. Disponível em: <http://www.revel.inf.br/files/a1d5f6f2997bcfc89bc2ec8b65802069.pdf>. Acesso em: dez. 2023.

FITCH, T. The evolution of speech: A comparative review. *Trends in Cognitive Science*, v. 4: 258-67, 2000.

GIVÓN, T. *Bio-linguistics*: the Santa Barbara lectures. Oregon: John Benjamins, 2002.

HURST, J. An extend family with a dominantly inherited speech disorder. *Development Medicine and Child Neurology*. v. 1, n. 32, 1990, pp. 352-55.

KUHL, P. Early language learning and literacy: neuroscience implications for education. *Mind, Brain, and Education*. v. 5, n. 3, 2011, pp. 128-142.

LIEVEN, E. Language development in a cross-linguistic context. In: KAIL, M.; HICKMANN, M. (orgs.). *Language acquisiton across linguistics and cognitive systems*. Amsterdam: Benjamins, 2010.

NÓBREGA, V. *Abordagem isomórfica: a articulação entre o léxico e a sintaxe na emergência da linguagem*. São Paulo, 2018. Tese (Doutorado) – USP.

NÓBREGA, V. O problema de Wallace-Darwin. In: OTHERO, G.; KENEDY, E. (orgs.). *Chomsky:* a reinvenção da Linguística. São Paulo: Contexto, 2019, pp. 197-212

NÓBREGA, V. Como surgiu a linguagem? In: OTHERO, G.; FLORES, V. do N. (orgs.). *O que sabemos sobre a linguagem*: 51 perguntas e respostas sobre a linguagem humana. São Paulo: Parábola Editorial, 2022, pp. 329-336.

PENZ, Y. F. da S.; IBAÑOS, A. M. T. O estatuto da biolinguística: fundamentos teórico-ontológicos relevantes. *ReVEL*, v. 16, n. 31, 2018. Disponível em: < http://www.revel.inf.br/files/4595aad20975d9a9 7f52604b9ee1a649.pdf>. Acesso em: abr. 2023.

PINKER, S. *O instinto da linguagem*: como a mente cria a linguagem. São Paulo: Martins Fontes, 2003.

SAPOLSKY, R. *Comporte-se a biologia humana em nosso melhor e pior*. Rio de Janeiro, Cia. das Letras, 2021.

SICURO-CORREA, L. (org.) *Aquisição da linguagem e problemas de desenvolvimento linguístico*. Rio de Janeiro: Loyola, 2006.

SINGLETON, J.; NEWPORT, E. When learners surpass their models: The acquisition of American Sign Language from inconsistent input. *Cognitive Psychology*. v. 49, 2004, pp. 370–407.

TATTERSALL, I. *Becoming human*. Evolution and human uniqueness. New York: Harcourt Brace, 1998.

TOMASELLO, M. *Origens culturais da aquisição do conhecimento humano*. São Paulo: Martins Fontes, 2003.

TRAXLER, M. *Introduction to psycholinguistics*: understanding language science. Massachusetts: Blackwell, 2012.

WERMKE, K. et al. Relation of melody complexity in infants' cries to language outcome in the second year of life: a longitudinal study. *Clinical Linguistics & Phonetics*. v. 21, 2007, pp. 961-73.

Etnolinguística

Ana Suelly Arruda Câmara Cabral
Sanderson Castro Soares de Oliveira

O QUE É A ETNOLINGUÍSTICA?

Etnolinguística (do grego antigo ἔθνος (éthnos), "membros de uma comunidade que compartilham os mesmos ancestrais, divindades, rituais, crenças, modos de ver o mundo e língua ou línguas", e linguística "ciência que estuda a linguagem e as línguas naturais") é considerada uma área da linguística antropológica, que estuda as relações entre língua e cultura no seio de uma comunidade de fala. Distingue-se das demais áreas do conhecimento por sua abordagem diferenciada das línguas, em que a meta fundamental é a busca pelo significado das formas e das expressões linguísticas para o entendimento de como os falantes de uma língua veem o seu mundo e com ele se relacionam. A preocupação do etnolinguista, longe de ser a de enquadrar as línguas em modelos teóricos preexistentes, é a de colocar em relevo o que as línguas têm de particular que as diferenciam das demais línguas, e como essas línguas espelham o modo como os seus respectivos falantes se relacionam com a natureza, uns com outros no seu dia a dia e ao longo de sua história.

A etnolinguística se desenvolveu a partir dessa preocupação de antropólogos linguistas e de linguistas antropológicos em que as duas disciplinas se entrelaçam para o melhor entendimento da natureza humana. É nesse cenário que os estudos tipológicos e histórico-comparativos avançam, delineando novos caminhos para o entendimento das relações entre homem, língua, cultura e sociedade.

Focalizamos neste capítulo os princípios básicos que nortearam o seu desenvolvimento, entre os quais a interdependência de língua e cultura, defendida por seus principais precursores. Ilustramos as relações entre línguas e experiências vividas por seus respectivos falantes com exemplos de algumas vertentes dos estudos etnolinguísticos no Brasil. Enfatizamos as línguas indígenas brasileiras, as quais continuam pouco consideradas pelos linguistas em suas abordagens teórico-metodológicas das línguas, apesar de serem o principal motivo de uma mudança de perspectiva no olhar para as culturas relacionadas às línguas ameríndias. Valorizamos estudos linguísticos descritivos e histórico-comparativos, visando a um mais adequado entendimento das culturas dos seus respectivos falantes.

O QUE A ETNOLINGUÍSTICA ESTUDA?

A etnolinguística estuda as relações entre o comportamento cultural linguístico e o não linguístico. Para entendermos o significado e a importância de estudos etnolinguísticos é relevante conhecermos um pouco do contexto histórico em que eles se desenvolveram e os principais atores na sua consolidação como abordagem diferenciada das línguas.

No século XIX, acentua-se a preocupação com a evolução das línguas, as leis que a governam, por meio de estudos histórico-comparativos, com foco principalmente nas línguas indo-europeias (cf. Robins, 1990; Campbel e Poser, 2008). É Wilhelm von Humboldt (1767-1835) que, diferentemente da maioria de seus contemporâneos, já mantinha a posição de que os estudos linguísticos de natureza gramatical ou histórica se conectavam necessariamente com estudos históricos e etnológicos, uma vez que, para ele, línguas são visões de mundo. Humboldt preocupava-se com o aspecto criativo da língua, definindo-a como *energeia*, ou seja, criativa, e não como *ergon*, mero produto. Alguns dos princípios básicos orientadores de estudos linguísticos desenvolvidos por Humboldt (1972, 1990) tinham como premissas centrais as ideias de que todas as línguas são importantes e complexas e que há que se olhar para cada uma delas em particular, respeitando a sua individualidade; a palavra não é para ele uma cópia ou reprodução do objeto em si, mas da imagem desse objeto que foi produzido na alma. Sua preocupação com a diversidade linguística, com a individualidade de cada língua e com a identificação das diferentes estratégias morfológicas e sintáticas usadas pelas várias línguas, a partir dos dados aos quais teve acesso, marca a sua abordagem tipológica como nova para a época. Linguista e filólogo, Humboldt foi um dos principais pioneiros na defesa da interface entre língua e cognição e no desenvolvimento das ideias sobre as relações entre língua e cultura, e de como essas relações influenciam o modo como os indivíduos de uma comunidade categorizam a sua realidade, dando assim ênfase à experiência e à cognição.

Posteriormente, Franz Boas (1858-1942), considerado um etnógrafo ou antropólogo, mais do que um linguista, é unanimemente reconhecido como fundamental para a criação e a consolidação da linguística estruturalista norte-americana e para os estudos de natureza linguística antropológica. Em sua clássica introdução ao *Handbook of American Indian Languages* (1917), o autor deixa clara a importância do conhecimento da língua para o estudo da cultura de um povo, ao discutir os problemas que afetam o trabalho do etnólogo que se propõe a realizar trabalho de campo junto a nativos sem conhecer a língua destes. Boas também constatou a existência do pequeno número de pesquisadores treinados para o trabalho de campo, enquanto o número de línguas americanas mutualmente ininteligíveis era bastante grande. Constatou, ainda, que aos pesquisadores era negada a oportunidade de passar períodos contínuos e longos junto a um grupo indígena, tornando as possibilidades de aprendizagem da língua nativa insuperáveis.

Para Franz Boas, deve-se insistir no fato de que o domínio de uma língua é indispensável para se obter um conhecimento preciso e completo, dado que muitas informações podem ser obtidas ouvindo as conversas dos nativos e participando de sua vida cotidiana. Já para um observador que não domina a língua, essas informações se tornam inacessíveis.

Boas, na mesma perspectiva de Humboldt, defendendo a interdependência de língua e cultura e a concepção de que cada língua tem sua importância e individualidade por retratar uma visão específica de mundo, fundamentou, com uma coleção de dados linguístico-culturais de várias línguas, a sua teoria do relativismo cultural, contribuindo para mudar o pensamento ainda predominante em sua época de que haveria superioridade de culturas. Suas discussões sobre a ausência de expressões de certos conceitos em línguas de povos ameríndios são esclarecedoras em sua teoria, com a qual defende a ideia de que a ausência de formas generalizadas de certas expressões em determinadas línguas não prova inabilidade de formá-las, mas simplesmente não são requeridas pelo modo de vida dos falantes dessas línguas (Boas, 1917: 66). Boas fornece como exemplo sistemas de numerais de índios sul-americanos e de esquimós:

> Este ponto de vista também é corroborado por um estudo dos sistemas numéricos de línguas primitivas. Como é bem sabido, existem muitas línguas em que os numerais não excedem dois ou três. Foi inferido disso que as pessoas que falam essas línguas não são capazes de formar o conceito de números maiores. Acho que essa interpretação das condições existentes é bastante errônea. Pessoas como os índios sul-americanos

32 A linguística hoje

(entre os quais esses sistemas numéricos são encontrados), ou como o esquimó (cujo antigo sistema de números provavelmente não exceda dez), presumivelmente não precisam de expressões numéricas mais altas, porque não são muitos objetos que eles têm que contar. Por outro lado, assim que essas mesmas pessoas se encontram em contato com a civilização, e quando adquirem padrões de valor que precisam ser contados, eles adotam com facilidade numerais mais altos de outras línguas [...]. Isso não significa que todo indivíduo que no curso de sua vida nunca fez uso de numerais maiores adquiriria sistemas numéricos mais complexos prontamente, mas a comunidades como um todo parece ser sempre capaz de ajustar-se às necessidades de contagem. Deve-se ter em mente que a contagem não se torna necessária até que os objetos são considerados de forma tão generalizada que suas individualidades são totalmente perdidas de vista. Por isso é possível que mesmo uma pessoa que tenha um rebanho de animais domesticados pode conhecê-los pelo nome e por suas características sem jamais desejar contá-los. Os membros de uma expedição de guerra podem ser conhecidos pelo nome e não precisam ser contados. Em suma, não há prova de que a falta de uso de numerais esteja de alguma forma relacionada com a incapacidade de formar os conceitos de números maiores (Boas, 1917, I: 18-19).

Muito importante é a observação de Boas de que é necessário que se tenha em mente que "[...] a contagem não se torna necessária até que os objetos sejam considerados de forma tão generalizada que suas individualidades sejam total-mente perdidas de vista". Em decorrência disso, Boas considera ser possível que quem possui um rebanho de animais domesticados pode conhecê-los pelo nome e por suas características, sem nunca os contar. Da mesma forma, os membros de uma expedição de guerra podem ser conhecidos pelo nome e, por essa razão, não precisam ser contados. A preocupação com as relações entre língua e cultura parte, assim, de um antropólogo, que passou a ser considerado o pai da antropologia nos Estados Unidos.

É com Edward Sapir (1884-1939), aluno e seguidor de Franz Boas, que a linguística antropológica e a etnolinguística se consolidam como área e subárea do conhecimento. Dell Hymes, na introdução do livro *Language in Culture and Society. A Reader in Linguistics and Anthropology*, diz sobre Sapir:

[...] um excelente pesquisador de campo e analista da forma linguística, fez contribuições das mais substanciais para a descrição das mais va-riadas línguas do que talvez qualquer homem ou mulher desde então.

Sua mente brilhante e capacidade de detectar padrões, combinadas com sua capacidade de focar e relembrar detalhes, marcam todo o seu trabalho e alimentaram a segunda de suas principais contribuições, a de aplicar e desenvolver o método comparativo para desvendar as relações genéticas das línguas do Novo Mundo. Ele lançou as bases para o estudo comparativo de um maior número de famílias linguísticas do que talvez qualquer outra pessoa. *Grande parte da contribuição contínua da antropologia americana para a descrição de campo ("linguística antropológica" propriamente dita) e linguística comparativa se deve à sua inspiração* (Dell Hymes, 1964: 10, grifo nosso).

Sapir teve papel fundamental no estabelecimento de orientações teórico-metodológicas para a pesquisa de campo própria à descrição em uma perspectiva linguística antropológica. Além disso, também contribuiu para a comprovação da importância do método histórico-comparativo (originalmente aplicado às línguas indo-europeias) para o trabalho histórico de línguas sem tradição de escrita, como as línguas ameríndias.

Os vários escritos de Sapir em que ele relacionou língua e cultura o consolidou como o fundador da etnolinguística. Para ele, a língua é o meio pelo qual o homem percebe o mundo em que vive, e uma descrição linguística completa de uma língua e sua função na fala é factível de fornecer informações sobre as faculdades perceptivas e cognitivas humanas e de ajudar a explicar como os modos próprios dos diferentes povos se organizam cultural e socialmente.

Mas foi Benjamin Lee Whorf, aluno de Sapir na Universidade de Yale, um dos que mais contribuiu para a consolidação da etnolinguística. Ele se tornou notório a partir de seus estudos sobre Hopi, mostrando como as categorias gramaticais do Hopi codificam eventos e processos, e suas correlações com a cultura dos seus falantes, caracterizando, assim, seus estudos como etnolinguísticos.

Em seu artigo "Um modelo indígena-americano do universo" (1936), Whorf argumenta sobre a não existência da noção de tempo expressa por meio de flexão verbal na língua Hopi, como ocorre em línguas indo-europeias, por exemplo. Para ele, o povo Hopi não faria uso da noção de tempo expressa dessa forma, demonstrando que tais noções são representadas nessa língua por meio de advérbios ou verbos, ou seja, por expressões lexicais. A contribuição de Whorf para a descrição linguística, mediante um olhar diferenciado para as línguas, considerando os diferentes modos como os hábitos linguísticos expressam realidades, é inestimável[1]. Chase (1959: v) em seu "Foreword" do *Language, Thought, and Reality: Selected Writings of Benjamin Lee Whorf* diz sobre Whorf: "Ele compreendeu a relação

34 A linguística hoje

entre a linguagem humana e o pensamento humano, como a linguagem de fato pode moldar nossos pensamentos mais íntimos."

A ideia, primeiramente colocada por Humboldt, retomada por Boas e acentuada por Sapir e por seu aluno Benjamin Lee Whorf, é a de que as línguas diferem entre si, seja na forma como se organizam, seja em como refletem a experiência vivida pelos seus respectivos falantes. Em perspectiva análoga ao relativismo cultural postulado por Boas, é desenvolvida a ideia de relativismo linguístico, conhecida como a hipótese Sapir-Whorf, à qual se contrapõem visões teóricas universalistas, como a gerativista[2].

A hipótese Sapir-Whorf tem duas versões, a forte, segundo a qual a língua determina ou influencia o pensamento, ou seja, o modo como vemos o mundo real. Nessa perspectiva, falantes de línguas distintas veem o mundo de modos diferentes. Já segundo a versão fraca da hipótese, a língua pode influenciar o pensamento, mas não o determina, ou seja, a língua guia o modo como pensamos e percebemos a realidade, mas não o comanda.

QUAIS SÃO AS GRANDES LINHAS DE INVESTIGAÇÃO?

Os estudos etnolinguísticos fundados nas ideias inovadoras desenvolvidas por Boas, Sapir e por seus discípulos, prevalecem até hoje. Por privilegiarem como os indivíduos de grupos etnolinguísticos rotulam e classificam os fenômenos socioculturais e ambientais de seu mundo, têm como escopo um amplo leque de possibilidades temáticas.

Entre as possibilidades, podemos destacar estudos que abarcam os sistemas fonológicos, morfológicos e morfossintáticos (sintáticos) das línguas, os sistemas classificatórios de nomes e de verbos, orientações espaciais e temporais, com ênfase em sistemas de calendários e numerais, sistemas dêiticos, hierarquias referencias que organizam sistemas pronominais, distinções entre falas de homem e falas de mulher, *baby talk*, linguagens discursivas, poéticas, ritualísticas, musicologia, estudos sobre onomástica, particularmente como se nomeia em diferentes culturas, etnicidade, variabilidade geográfica, diversidade linguística, multilinguismo, perda, manutenção e vitalidade linguística, políticas linguísticas.

Além desses temas, muitos outros são contemplados na etnolinguística; todos dão ênfase às relações intrínsecas entre língua e cultura. Cabe destacar ainda que a etnolinguística tem estimulado o nascimento de novas disciplinas, como a etnossintaxe (que investiga informações culturais que são encontradas também na sintaxe das línguas) e a etnossemântica (também chamada de etnociência ou de antropologia cognitiva, um método de pesquisa etnográfica e etnolinguística cuja ênfase é a semântica, ou seja, seu interesse é o modo como os falantes categorizam as palavras em sua língua).

QUE ESTUDOS PODEM SER DESENVOLVIDOS COM A ETNOLINGUÍSTICA?

O artigo "Abnormal types of Speech in Nootka" (Sapir, 1915: 180-182) é uma das mais significativas ilustrações de estudos etnolinguísticos. Nesse artigo, Sapir trata do uso na fala de vários mecanismos que implicam algo em relação ao estatuto social, ao sexo, à idade e a outras características do falante, da pessoa com quem se fala ou da pessoa sobre a qual se fala, "mas sem nenhuma declaração direta relativa a essas variantes".

O nootka é uma língua em que há tais tipos de fala abnormal e, como descreve Sapir, possui palavras especiais usadas para falar de assuntos obscenos ou quando a interação ocorre na presença de mulheres, assim como existem várias palavras próprias para interagir com bebês. Sapir explica que, nessa e em outras línguas, a referência dessas implicações pessoais é feita não apenas pelo uso de palavras ou locuções especiais, isto é, por meio lexical, estilístico, ou meios sintáticos, mas pelo emprego de elementos gramaticais especiais, como mudanças consonantais ou vocálicas, ou por meios morfológicos.

Um dos exemplos de estudos que tem ganhado relevância no âmbito de estudos etnolinguísticos trata de como orientação espacial é expressa em várias culturas. Esses estudos mostram como as línguas diferem quanto à expressão de orientações espaciais e direções de acordo com a influência de aspectos geográficos e culturais (cf. Malotki, 1983; Levison e Majid, 2013). Etnicidade é outro tema largamente abordado por estudos etnolinguísticos, como, por exemplo, a variabilidade geográfica, capturada pela variação na qualidade e elevação da terra regional, como um determinante fundamental da diversidade linguística contemporânea (cf. Michalopolus, 2021). Perda, manutenção e vitalidade linguística são temas bastante discutidos na atualidade, motivados pelo desaparecimento sucessivo de diferentes línguas em todo o mundo. No Brasil, as perdas têm sido desastrosas, por exemplo, o último falante da língua apiaká faleceu na primeira década deste século. Os últimos falantes da língua akuntsu estão reduzidos a três mulheres e um rapaz, filho de Kanoé com Akuntsu.

No cenário atual dos estudos etnolinguísticos no Brasil, destaca-se o protagonismo de indígenas no estudo de suas respectivas línguas nativas. Citamos o exemplo da participação de pesquisadores *Paitér ey* na pesquisa linguística de sua língua, a qual foi crucial para a identificação de um sistema classificatório de nomes presente na família mondé (tronco tupí), em que há apenas um morfema classificador aberto produtivo. Em suruí (paitér), assim como nas demais seis línguas da família mondé, um nome pertence à classe dos redondos, circulares, curvilíneos, esféricos ou circunscritos se o seu referente é percebido como tal, recebendo, portanto, o classificador *'ah*, da classe dos cir(cunscritos) (cf. Cabral et al, 2014). É nessa classe que se incluem também nomes de sensações e de qualidade.

Recebem o classificador *'ah*, nomes de partes do corpo como *gor ah pep ah* ("intestino grosso"), *merpi kap 'ah* ("rim"). Da mesma forma, há animais percebidos como circ(unscritos), como *gopam 'ah* ("porakê"), *nambe 'ah* ("tucunaré"); algumas plantas, suas partes e seus frutos ou frutas também fazem parte dessa classe, como, *ibok 'ah* ("mamão"), *akop 'ah* ("cacau"); pertencem ainda a esta classe nomes que significam sensações, características morais, como *kuy 'ah* ("alegria"), *perãy 'ah* ("mentiroso").

Outro exemplo de estudo etnolinguístico no qual foi crucial o protagonismo de dois falantes nativos é o estudo sobre gênero na língua manchineru (fam. aruák), falada pelo povo Yine no Brasil (estado do Acre) e no Peru. Trata-se de um sistema de classificação de gênero com claras motivações semântico-culturais na distinção de nomes masculinos e femininos nessa língua, o que se dá desde o léxico e que aciona concordância obrigatória no nível morfossintático, por meio de afixos pessoais, tanto nos nomes em relação de posse, como nos núcleos de predicados verbais e adjetivais.

Nomes cujos referentes são humanos e genéricos, quando individualizados, recebem sufixos de gênero masculino ou feminino, como por exemplo *yine-ri*, "gente, pessoa (referente homem)", *yine-ro*, "gente, pessoa (referente mulher)". Entretanto, há alguns nomes cuja marca de gênero parece ter-se cristalizado na história da língua. Esses são nomes de estágios da vida de humanos, por exemplo, *makliçi*, "menino, rapaz (masculino)" e *makloci*, "menina, moça (feminino)". Quanto aos demais seres, seus respectivos gêneros feminino ou masculino associam-se aos mundos aquático e não aquático. Assim, o ser pertencente à água ou "que tem uma relação direta com ela" é, em princípio, feminino, enquanto os seres que são da terra ou do céu são, em princípio, pertencentes ao gênero masculino (cf. Cabral et al., 2015). Lucas e Mariana Manxineru, coautores da pesquisa, recolheram junto aos sábios de sua comunidade a seguinte explicação: como a água é símbolo da vida, é mãe, logo pertence ao gênero feminino, assim como tudo o que nela existe ou que tem alguma relação com ela. E sobre alguns animais aquáticos, os sábios Yine explicaram:

> os guardiões das águas vivem nas fontes dos lagos e dos rios, são eles o *kçioçiri* 'jacaré açu', a *mapxuri* 'sucuri' ou 'cobra grande', o *Pitsoti* 'purakê' e a *hpuyo* 'arraia'. O guardião mais importante é o jacaré que vigia a água e o que está dentro dela, protegendo-a. A sucuri cuida de todos os peixes e forma os poços dos rios e igarapés, que servem para acasalamento dos seres aquáticos e sua consequente continuidade. A arraia, além de cavar os poços, cuida deles, não permitindo que os humanos estraguem o peixe e sujem a água. A natureza puxa para dentro dos poços os que tentam desrespeitar o equilíbrio desses luga-res sagrados onde se concentram a riqueza da vida aquática que tem repercussões na vida fora da água. Já o poraquê é o que tem o papel de macho, comandando a água e protegendo-a com a sua arma natural, a eletricidade. Com exceção do poraquê os outros três guardiões são do gênero feminino (Cabral et al., 2015: 332).

Há, entretanto, exceções, todas culturalmente explicáveis, como o caso do poraquê, que pertence ao gênero masculino, embora seja da água, uma vez que age como macho, tomando conta do seu pedaço do igarapé. É também o caso da arara, pertencente ao gênero feminino, embora seja um ser não aquático, porque fala muito, fala como mulher, como a veem os Manxineru: *pamolo* ("arara")', *netalo pamolo* ("eu vi a arara"), *netalo* ("eu a(arara) vi"), *kihlero pamolo* ("arara bonita")*, tsrolo pamolo* ("arara grande").

O QUE EU PODERIA LER PARA SABER MAIS?

Para um conhecimento mais amplo sobre a etnolinguística, é fundamental a leitura dos trabalhos clássicos, citados ao longo deste capítulo. Outras suges-tões de leitura são *Anthropological Linguistics* (Foley, 1997), *Ethnolinguistics and Cultural Concepts: Truth, Love, Hate and War* (Underhill, 2013), *Ethnolinguistics, Boas, Sapir and Whorf Revisited* (Mathiot, 2019).

Embora haja no Brasil uma lacuna quanto a estudos que abordem a etno-linguística como área do conhecimento, ou disciplina, já existe uma gama sig-nificativa de estudos que contribuem para uma ampliação do conhecimento das possibilidades de pesquisas etnolinguísticas publicados em forma de artigos, teses

38 A linguística hoje

e dissertações, entre os quais destacamos: *Biodiversidade e diversidade etnolinguística na Amazônia* (Rodrigues, 2015), *Estudos em sociolinguística de contato no Brasil: a diversidade etnolinguística em debate* (Savedra; Christino; Spinassé; Araujo, 2021), *Panambazinho: lugar de cantos, danças, rezas e rituais kaiowá* (Chamorro, 2017), *O nome do município. Um estudo etnolinguístico e sóciohistórico na toponímia sul-mato-grossense*, (Isquerdo, 2009), *Etnolinguística e etno-história Tupí: desfragmentando o olhar* (Silva, 200), *Estudo etnolinguístico das práticas supersticiosas referentes à mulher grávida na cultura popular do Maranhão* (Matos, 2019), *Saúde Yanomami: um manual etnolinguístico* (Albert; Gomez, 1997), *Mãdïka – Lua, o marido de todas as mulheres* (Fargeti, 2021), e *O português dos jovens da aldeia Afukuri. Notas sobre o contato linguístico no Alto Xingu* (Rojas-Berscia, Pereira e Mehinako Kuikuro, 2022). Outras leituras podem ser encontradas nas próprias referências das obras citadas.

Notas

[1] Ver Whorf (1956a, [1936] 1956b, 1956c).
[2] Para uma visão popularizada sobre essa discussão, recomenda-se o filme *A Chegada* (*Arrival*, 2016). Apesar de partir de uma visão inatista, a personagem linguista do filme vai mudando sua percepção sobre a linguagem ao ponto de enunciar que entende a forma dos alienígenas (cuja língua ela aprende) pensarem na medida em que melhora o seu domínio da língua.

Referências

ALBERT, B.; GOMEZ, G.G. *Saúde Yanomami*: um manual etnolinguístico. Belém: Museu Paraense Emilio Goeldi, 1997.

BOAS, F. Introduction to the handbook of American Indian Languages. Washington: Smithsonian Institution's Bureau of American Ethnology (Reprinted by Georgetown University, Institute of Languages and Linguistics.), 1911, pp. 1-70.

BOAS, F. Introduction. *International Journal of American Linguistics*. 1917, v. 1, pp. 1-8. (Reprinted in Boas 1982: 199-210).

BOAS, F. *Race, language and culture*. Chicago: University of Chicago Press, 1982.

CABRAL, A. S. A. C.; KAMAN, P.; MEHINAKU, M.; OLIVEIRA, S.C. S; Uraan Suruí. Classificadores nominais em três línguas indígenas da Amazônia brasileira: ampliando tipologias. *Revista Brasileira de Linguística Antropológica*. v. 6, 2014, pp. 165-193.

CABRAL, A. S. A. C.; MANXINERU, L.; PEREIRA, F.; MANCHINERI, M. S. Bases culturais para atribuição de gênero em manxineru. *Revista Brasileira de Linguística Antropológica*, v. 7, 2015, pp. 321-341.

CAMPBELL, L.; POSER, W. J. *Language classification*. History and method. Cambridge: Cambridge University Press. 2008.

CHAMORRO, G. Panambizinho: lugar de cantos, danças, rezas e rituais kaiowá. São Leopoldo: Karywa, 2017.

CHASE, S. Foreword to language. In: CARROLL, J. B.; STUART, C. (eds.). *Language, thought, and reality*: selected writings of Benjamin Lee Whorf. Nova York: The Technology Press of Massachusetts Institute of Technology and John Wiley; Sons, 1959 [1956].

HUMBOLDT, W. von. *Sobre el origen de las formas gramaticales y sobre su influencia en el desarrollo de las ideas - Carta a M. Abel Rémusat sobre la naturaleza de las formas gramaticales en general y sobre el genio de la lengua china en particular*. Trad. de Carmen Artal. Barcelona: Anagrama, 1972.

HUMBOLDT, W. *Sobre la diversidad de la estrutura del lenguaje humano y su influencia sobre el desarrollo espiritual de la humanidad*. Trad. e prólogo de Ana Agud. Barcelona: Anthropos, 1990.

HYMES, D. *Language in Culture and Society*: A Reader in Linguistics and Anthropology. Nova York: Harper & Row.1864.

ISQUERDO, A. N. O nome do município. Um estudo etnolinguístico e sócio-histórico na toponímia sulmato-grossense. *Prolíngua*, v. 2, n. 2, 2012. Disponível em: < https://periodicos.ufpb.br/index.php/prolingua/article/view/13403>. Acesso em: 31 mar. 2023.

LEVINSON, S. C.; MAJID, A. The island of time: Yélî Dnye, the language of Rossel Island. *Frontiers in Psychology*. v. 4, 2013.

MALOTKI, E. *Hopi time*: a linguistic analysis of the temporal concepts in the Hopi language. Berlim: Walter de Gruyter, 1983.

MARTINS FARGETTI, C. Mãdĭka – Lua, o marido de toda as mulheres. *Revista Brasileira de Linguística Antropológica*. v. 13, n. 1, 2021, pp. 397-432. Disponível em: <https://periodicos.unb.br/index.php/ling/article/view/41416>. Acesso em: abr. 2023.

MATHIOT, M. *Ethnolinguistics*. The Hague: Mouton de Gruyter, 2019.

MATOS, H. R. C. Estudo etnolinguístico das práticas supersticiosas referentes à mulher grávida na cultura popular do Maranhão. *Estudos Linguísticos e Literários*. n. 63, 2019, pp. 194-215. Disponível em: <https://periodicos.ufba.br/index.php/estudos/article/view/33771>. Acesso em: 31 mar. 2023.

MICHALOPOULOS, S. The origins of ethnolinguistic diversity. *American Economic Review*. v. 102, n. 4, 2012, pp. 1508-1539.

RODRIGUES, A. D. Biodiversidade e diversidade etnolinguística na Amazônia. Ecolinguística: *Revista Brasileira de Ecologia e Linguagem (ECO-REBEL)*. v. 1, n. 1, 2015, pp. 38-46. Disponível em: <https://periodicos.unb.br/index.php/erbel/article/view/9966>. Acesso em: 31 mar. 2023.

ROJAS-BERSCIA, L. M.; PEREIRA, D. W.; MEHINAKU KUIKURO, M. O português dos jovens da aldeia Afukuri. Notas sobre o contato linguístico no Alto Xingu. *Revista Brasileira de Linguística Antropológica*. v. 12, n. 1, 2020, pp. 17-35. Disponível em: <https://periodicos.unb.br/index.php/ling/article/view/31045>. Acesso em: 7 abr. 2023.

SAPIR, E. Abnormal types of speech in Nootka. In: GOLLA, V. (ed.). *American Indian languages 2*. Mouton de Gruyter, 1915, Volume VI. (Reprinted 1949, pp. 180-182, Selected writings of Edward Sapir in language, culture, and personality, ed. David G. Mandelbaum, Berkeley: University of California Press.)

SAPIR, E. A bird's-eye view of American languages north of Mexico. *Science*. v. 54.408, 1921a. (Reprinted 1990 in The collected works of Edward Sapir, vol. 5: *American Indian languages*, part 1, ed. William Bright, 93-4. Berlin: Mouton de Gruyter.)

SAPIR, E. *Language*: an introduction to the study of speech. Nova York: Harcourt, Brace, 1921b. (Reissued 1949, New York: Harcourt, Brace and World.).

SAVEDRA, M. M. G.; CHRISTINO, B.; SPINASSÉ, K. P.; ARAUJO, S. S. DE F. Estudos em sociolinguística de contato no Brasil: a diversidade etnolinguística em debate. *Cadernos de Linguística*, v. 2, n. 1, 2021, pp. 01-28.

SILVA, B. C. Etnolinguística e etno-história tupí: desfragmentando o olhar. *Revista de Estudos da Linguagem* v. 18, n. 1, 2010, pp. 61-86. Disponível em: <http://www.periodicos.letras.ufmg.br/index.php/relin/article/view/2541>. Acesso em: fev. 2023.

UNDERHILL, J. *Ethnolinguistics and Cultural Concepts*: Truth, Love, Hate and War. Cambridge: Cambridge University Press, 2013.

WHORF, B. L. *Language, thought, and reality*: selected writings of Benjamin Lee Whorf. In: CARROLL, J. B.; STUART, C. (eds.). Nova York: The Technology Press of Massachusetts Institute of Technology and John Wiley & Sons, 1956a.

WHORF, B. L. A linguistic consideration of thinking in primitive communities. In: CARROLL, J. B. (ed.). *Language, thought, and reality*: selected writings of Benjamin Lee Whorf. Nova York: The Technology Press of Massachusetts Institute of Technology, 1956b.

WHORF, B. L. Discussion of Hopi linguistics. In: CARROLL, J. B. (ed.). *Language, thought, and reality*: selected writings of Benjamin Lee Whorf. Nova York: The Technology Press of Massachusetts Institute of Technology, 1956c.

Geolinguística

Cléo Vilson Altenhofen

O QUE É A GEOLINGUÍSTICA?

De modo geral, associa-se a *geolinguística* a uma disciplina que se dedica ao mapeamento de variantes fonéticas, semântico-lexicais e morfossintáticas, com o intuito de identificar áreas dialetais e oferecer um atlas linguístico que subsidie outros estudos e que documente, de forma ampla e exaustiva, a língua falada em uma determinada área geográfica. Por sua preocupação, legítima, de buscar resguardar a comparabilidade com dados mais antigos, é natural que práticas de pesquisa como mapear, delimitar áreas, produzir atlas linguísticos sempre tenham desempenhado um papel determinante. Tais práticas vêm de uma herança histórica que emerge da dialetologia, a partir do final do século XIX, e que se mantêm, até hoje, na companhia de sua disciplina vizinha, a sociolinguística.

Para os fins deste capítulo, no entanto, cabe refletir se esse escopo é suficientemente adequado e se acompanha as mudanças crescentes do mundo moderno, envolvendo, por exemplo, espaços virtuais novos, migrações, plurilinguismo e contatos linguísticos (Radtke e Thun, 1996). O que estudos recentes apontam, no tripé dialetologia-geolinguística-sociolinguística, é a tendência de ampliar e contemporizar o escopo de atuação da geolinguística, para além das práticas tradicionais. Com esse propósito, define-se, a seguir, *geolinguística* como o campo de estudos do uso das línguas e de sua variação e mudança linguística em quaisquer tipos de relação com o espaço geográfico. Explicitar o que essas relações implicam, como se chegou a uma compreensão mais consistente do que está em jogo e quais estudos, a título de orientação, se pode recomendar, nessa perspectiva, é o objetivo a seguir.

O QUE A GEOLINGUÍSTICA ESTUDA?

As relações entre língua e espaço implicam não apenas o mapeamento e a delimitação da ocorrência e abrangência geográfica de uma língua, variante ou comportamento linguístico. Também seus movimentos e mudanças linguísticas devem ser alvo do pesquisador, levando em conta os condicionamentos históricos, sociodemográficos e geofísicos presentes no espaço geográfico em questão. Não se trata, usando uma metáfora de Thun (2010; 2017), de apenas fotografar um estado da língua em estudo, em determinada macroárea, como se faz com uma foto de satélite. Trata-se também de captar e projetar, por meio de técnicas semelhantes às de um filme ou de uma cronofotografia (Thun, 2010: 74), em que direção caminha uma variante ou comportamento linguístico, como as variantes coocorrem, convergem e divergem entre si, qual seu significado social, como se funcionalizam, como se conservam ou inovam, no tempo (mudança linguística) e no espaço (difusão ou perda linguística). Ou seja, não apenas a ocorrência, mas também sua recorrência, coocorrência, difusão e mudança, bem como os processos e resultados da interação e contato entre variedades de uma língua, devem estar, nessa perspectiva mais ampla, no radar do geolinguista. Compare-se, por exemplo, um mapa que apenas apresenta onde fará sol ou chuva com um mapa meteorológico que mostra o movimento e a direção de um ciclone ou de uma onda de calor ou frio. Assim também variantes linguísticas se movem no espaço geográfico e social, impulsionadas ou barradas por fatores específicos.

Outro aspecto a considerar, nessa perspectiva, é que é preciso pensar em uma via de dois sentidos: não apenas das línguas e de suas variantes no espaço (do linguístico para o geo-), mas também de como o espaço condiciona a língua e suas variantes (do geo- para o linguístico), em termos do que favorece ou desfavorece seu uso, variação e mudança. Vale ressaltar que, nessa abordagem, tanto o objeto de estudo da geolinguística quanto a noção de espaço requerem uma readequação. Os avanços registrados, nos últimos 30 anos, especialmente a partir de Radtke e Thun (1996), buscam soluções nas duas vias que deem conta da complexidade da variação linguística. Em relação ao *objeto de estudo*, buscou-se abordar, nesse sentido:

a. não apenas a fala rural, mas também a urbana;
b. não apenas a fala dos mais velhos, também dos jovens (indicando possíveis mudanças em progresso, na comparação dos dados);
c. não apenas a fala dos homens, mas também das mulheres;
d. não apenas a classe menos escolarizada, mas também a mais escolarizada, no contínuo *standard-substandard*);
e. não apenas na fala, mas também na escrita;
f. não apenas na fala informal espontânea, mas também no estilo monitorado e mais formal;

g. não apenas na sincronia, mas também na diacronia (*tempo real* e *tempo aparente*);

h. não apenas do uso ativo, mas considerando o espectro de variantes que fazem parte do repertório de um falante, de forma ativa ou passiva e que, embora em desuso, são percebidas e valoradas pelos falantes;

i. não apenas falantes fixos à sua localidade (topostáticos), e sim também móveis, isto é, migrantes – topodinâmicos, na terminologia de Thun (1996);

j. não apenas de falantes monolíngues, mas também plurilíngues.

Com respeito à *noção de espaço*, os estudos geolinguísticos têm colocado, desde cedo, uma série de variáveis geo-históricas que, de certo modo, podem condicionar a variação e mudança linguística. Como se mostrou em Altenhofen e Thun (2016), essas variáveis vão desde rotas migratórias e acidentes geográficos, determinantes do fluxo e da direção da mobilidade de um grupo (como rios e cadeias montanhosas) até a configuração e a abrangência de um território (localidade isolada ou região) e a territorialidade de uma língua (Altenhofen, 2014) – o tipo de área sociopolítica (fronteira, terra indígena, quilombola, de imigração etc.), localização da área (central ou periférica), sua idade (ocupação recente ou antiga), sua composição étnica (grau de heterogeneidade), a ordem de chegada nessa área (migrantes pioneiros e tardios), entre outros aspectos.

Seja qual for o foco ou a ênfase do estudo geolinguístico, é preciso lidar com dados que mostram uma complexidade maior do que normalmente se imagina. A facilidade dos indivíduos, hoje, de incorporar diferentes conhecimentos e informações linguísticas ao seu repertório, por conta de sua mobilidade crescente e acesso a novos recursos comunicativos, é especialmente grande. Fica a pergunta sobre como dar conta metodologicamente dessa complexidade. Compreender a engrenagem social e geográfica por trás do uso variável das línguas é, nesse sentido, fundamental.

QUAIS SÃO AS GRANDES LINHAS DE INVESTIGAÇÃO?

Como é de se esperar, o *mapa*[1] constitui o instrumento de análise *par excellence* da geolinguística. Como um telescópio ou uma radiografia, ele visibiliza relações linguísticas no espaço. Sua eficácia depende das escolhas, tanto técnicas quanto linguísticas, do pesquisador, para que as configurações e as tendências das línguas, na área recortada, de fato possam ser visualizadas. Um exemplo de mapa linguístico bastante difundido é o chamado mapa ponto-símbolo, que vemos na Figura 1.

Figura 1 – Mapa ponto-símbolo monodimensional, com uso de linhas auxiliares, para delimitar e visualizar as áreas de distribuição das variantes

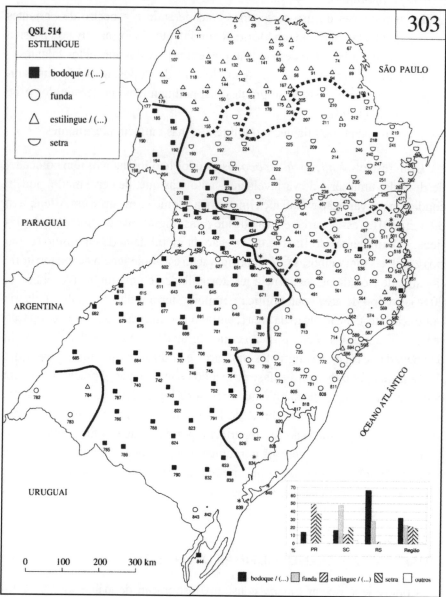

Fonte: Adaptado de ALERS (2011b, mapa 303).

Os primeiros mapas, antes de surgir a geolinguística, e mesmo depois, foram *mapas de línguas* (Thun, 2017). Um exemplo desse tipo é o "Mapa etno-histórico de Curt Nimuendajú (1883-1945)", para as línguas indígenas brasileiras (v. Iphan/

IBGE/UFPA, 2017)[2]. Em uma perspectiva que se poderia chamar de *geopolítica*, também é comum a denominação das línguas coincidir com a do povo/nação que originariamente as falava. Além disso, o uso de mapas como instrumento simbólico, sobretudo para marcar o domínio sobre um território ocupado, pode ser observado, por exemplo, em *mapas-múndi* antigos, que moldaram também nossa percepção do mundo, a qual explica o estranhamento que causa o mapa apresentado na Figura 2, visto de uma perspectiva invertida entre Ocidente e Oriente.

Figura 2 – Mapa traçado a partir da perspectiva de Matteo Ricci, jesuíta italiano que viveu na China, no século XVI, em que se inverte a orientação entre Ocidente e Oriente

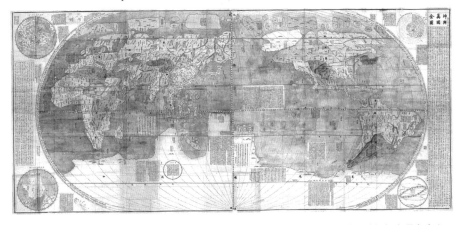

Fonte: Cópia de 1602 do mapa de Matteo Ricci (Coleção Kano, Biblioteca da Universidade de Tohoku).

Como técnica de produção de mapas, a cartografia levou, contudo, algum tempo, até que alguém efetivamente produzisse *mapas linguísticos*, isto é, mapeasse a ocorrência de variantes de uma língua, e não simplesmente de línguas como entidades políticas e sociais (Thun, 2017: 62). Apesar disso, a consciência da variação linguística regional já se fez presente bem antes. Vale lembrar que é da Grécia Antiga que provém o termo *diálektos*, que significava simplesmente "modo de falar de uma região" (Coseriu, 1982: 9). Esse sentido de "variedade de um lugar ou região" – isto é, uma variedade diatópica (*dia* = 'através' + *tópos* = 'lugar') – está na raiz do que foi, de certo modo, a "disciplina-mãe" da geolinguística, a *dialetologia*.

Muito antes da geolinguística, portanto, já havia descrições dialetológicas que tinham por objeto de estudo um *dialeto* – como uma variedade regional que, ao contrário da tradição dos estudos da "língua culta" dos grandes autores, de que se ocupava a gramática normativa, representava a "língua do povo". Por

46 A linguística hoje

sua posição social marginal e desviante do padrão, a noção de "dialeto" passou a receber, nessa queda de braços entre a linguagem espontânea do dia a dia e a norma elaborada da língua culta, atributos muitas vezes negativos, como "língua errada" ou "inferior". Os estudos dialetológicos surgem, assim, como uma espécie de transgressão a essa visão, destacando a relevância da "língua do povo", como ilustra Nascentes (1953: 14):

> No estudo dialetológico que vamos traçar teremos em vista fazer da língua do povo uma fixação que de futuro seja aproveitável. Pouco nos interessa a língua das classes cultas, primeiro porque é correta, segundo porque lhe falta a naturalidade, a espontaneidade da língua popular. Iremos ver os erros, tentar explicar a razão de ser deles, do mesmo modo porque o médico estuda a etiologia das moléstias. Não os apadrinharemos embora reconheçamos que, por maior que seja a campanha contra o analfabetismo, muitos deles hão de implantar-se na linguagem culta futura, como nos ensina a história da filologia.

Descrições pontuais desse tipo de estudo dialetológico que precedem e complementam as descrições geolinguísticas surgem na Europa, já bem cedo. No Brasil, exemplificam esse tipo de estudo inicial Amadeu Amaral (1976 [1920]) para o "dialeto caipira"; Marroquim (1934), para a "língua do Nordeste (Alagôas e Pernambuco)"; além de Nascentes (1953), para o "linguajar carioca" (Ferreira e Cardoso, 1994; 1995: 91-92). Como se vê, trata-se essencialmente de descrições dialetais, mais precisamente de gramáticas dialetais focadas em um espaço específico, e não de estudos que se valem propriamente do método geolinguístico como o define Coseriu (1991: 103, tradução minha):

> a expressão "geografía linguística" designa exclusivamente um método dialetológico e comparativo [...] que pressupõe o registro em mapas especiais de um número relativamente elevado de formas linguísticas (fônicas, léxicas ou gramaticais) comprovadas mediante entrevista direta e unitária em uma rede de pontos de um determinado território, ou que, pelo menos, leve em conta a distribuição das formas no espaço geográfico correspondente à língua, às línguas, aos dialetos ou aos falares estudados.

O mapeamento de dados, levantados por meio de um questionário aplicado a uma rede de pontos de pesquisa predefinida, tornou-se a base de uma série de atlas linguísticos. O primeiro a publicar um atlas linguístico foi Jules Gilliéron (1845-1925), com seu *Petit Atlas phonétique du Valais roman (sud du Rhône)*

(1880), seguido de Georg Wenker (1852-1911), com seu *Sprachatlas von Nord- und Mitteldeutschland*, publicado em 1881. Esses pesquisadores, mais tarde, ampliaram seus projetos para o *Atlas linguistique de la France* (ALF, 1902-10) e o *Deutscher Sprachatlas* (DSA, 1927-1956). Com "uma consciência metodológica aguçada" (Thun, 2017: 66), Gilliéron enviou um único entrevistador, Edmond Edmont (1848-1926), a 639 localidades da França, para com o mesmo ouvido fazer *in loco* o registro dos dados coletados por meio de um questionário de cerca de 1.400 perguntas. Wenker, seguindo um levantamento por correspondência, enviou um questionário de 40 frases, em alemão-padrão, a mais de 40.000 localidades de fala alemã, na Europa, para serem traduzidas ao dialeto local.

Apesar das limitações e contribuições de cada método, o fato é que, com Gilliéron e Wenker, tem início algo realmente novo, que marca a fase da geolinguística monodimensional, a que alude Thun (2017: 66). O atlas se tornou, assim, o projeto *par excellence* dessa geolinguística, considerada monodimensional por focar sua descrição exclusivamente na variação diatópica, sem, por exemplo, distinguir a fala de grupos etários, gêneros e estratos sociais mais ou menos escolarizados. O perfil de informante dessa corrente de pesquisa e documentação equivalia ao que Chambers e Trudgill (1998) denominaram de NORM's, ou seja, falantes homens velhos do meio rural, fixos à sua localidade (a sigla vem do inglês *non-mobile old rural man*). O motivo da escolha por esse perfil de falante decorria do interesse pela fala mais conservadora, que se acreditava jogar luz a estágios mais antigos e originais da língua em estudo (cf. Altenhofen, 2006).

A maioria dos atlas linguísticos regionais, no Brasil, anteriores ao ALiB (2014a-b; Cardoso; Mota, 2003; 2016), seguiram essa orientação centrada na variação diatópica. Um exemplo é o Alers (2011a-b). Mas, mesmo o Alers, ao ser de certo modo obrigado, pelo contexto sul-brasileiro, a selecionar, nos pontos de presença de línguas de imigração, falantes bilíngues e monolíngues, poderia ser, quanto à sua base de dados, embora ainda não quanto à sua cartografia, considerado um atlas no mínimo bidimensional, pois apresenta, no eixo horizontal, a variação dialingual de falantes bilíngues e monolíngues do português rural do sul do Brasil (RS, SC e PR).

A perspectiva bidimensional – que tem, até onde se sabe, no MRhSA (1994-2002), de Günter Bellmann e seu grupo (cf. também Bellmann, 1986), o primeiro atlas bidimensional publicado – pode ser vista como sinal de transição para a fase seguinte, que resultou em atlas linguísticos pluridimensionais. O princípio que embasa esse modelo teórico da dialetologia pluridimensional

48 A linguística hoje

e relacional, fundamentado, principalmente, por Harald Thun (1998), Addu (2000a; 2000b), Algr (2002; 2009; 2015), Radtke e Thun (1996), é o princípio da pluridimensionalidade, que incorpora à descrição tradicional da variação diatópica uma série de dimensões ou variáveis extralinguísticas, representadas por diferentes *dias*- que enfocam gerações de falantes (diageracional), estratos sociais (diastrática), sexo ou gênero (diassexual ou diagenérica), falantes fixos e móveis (diatópico-cinética), religião (diarreligiosa), línguas e variedades dos falantes em contato (dialingual), percepções e atitudes linguísticas (diarreferencial), situações de uso formal ou informal (diafásica), uso em meio escrito ou falado (diamésica), além da dimensão diacrônica, que se dedica à mudança em tempo real. Cada dimensão de análise funciona como uma lente que o pesquisador coloca sobre a vista, para enfocar seu olhar, testar suas hipóteses e ordenar sua análise em meio ao "caos aparente" da variação linguística, de que fala Labov.

Como se vê, tem-se nesse modelo pluridimensional uma ampliação considerável, para desenvolver uma ciência ampla da variação e mudança linguística, que reúna no mesmo modelo teórico variáveis do espaço e da sociedade. Fica a pergunta sobre o que mais haveria a considerar para a geolinguística proposta aqui das relações entre língua e espaço, no sentido amplo. A experiência em diferentes projetos da área aponta para algumas reflexões e recomendações relevantes que podem ajudar a diversificar os estudos e, com isso, dar conta das demandas de pesquisa no cenário linguístico atual:

a. o mapa constitui a unidade básica de análise geolinguística;
b. os atlas linguísticos não constituem apenas fontes de mapas, mas também são, "nos bastidores", fontes de dados sonoros, aos quais um pesquisador poderia recorrer para consultas, mediante termo de uso e respeito à ética e autoria do projeto;
c. estudos geolinguísticos com foco na relação entre língua e espaço não se restringem apenas a macroáreas, mas englobam também estudos pontuais (por exemplo, na relação entre rural e urbano, e entre bairros) ou ainda comunidades e grupos sociais minoritários (por exemplo, indígenas, quilombolas, de imigração e de fronteira);
d. o objeto de estudo de uma pesquisa geolinguística não necessariamente abarca a língua como um sistema completo (pressupondo questionários enormes), mas pode centrar-se em uma variável linguística específica – "como meio" ou "fim em si" – para visualizar relações entre línguas, espaços e grupos de fala;

e. com menos perguntas e variáveis, ganha-se fôlego para ampliar os dados levantados para a variável selecionada, que não se restringem à fórmula pergunta-resposta, mas englobam amostras de fala maiores, que podem ser obtidas por meio da pluralidade simultânea de informantes e de comentários metalinguísticos, em que se pode observar as percepções dos falantes. Daí resulta uma amostra mais representativa que, além disso, permite a análise transversal de dados comparáveis e quantificáveis, nas diferentes dimensões;

f. por fim, os temas de pesquisa, conforme se expôs, não se restringem a variação e mudança linguística (plano intralingual), mas ampliam o leque para aspectos sociológicos do uso, manutenção e perda de línguas (plano interlingual).

QUE ESTUDOS PODEM SER DESENVOLVIDOS COM A GEOLINGUÍSTICA?

Entre as marcas de identidade linguística de um falante, aquelas que apontam para a sua origem geográfica talvez sejam as mais amplamente percebidas, no senso comum (Crystal, 1997: 24). Tão logo alguém – por exemplo, um político, em uma transmissão da *Hora do Brasil* – abre a boca, lançamos hipóteses para a pergunta "de onde ele provém?". Pode ser um chiado carioca, um /r/ caipira, uma negação posposta típica de cidades do Nordeste ("vi não"), enfim, um *tu* ou um *guri* da fala gaúcha, do sul do país. Nem sempre são marcas exclusivas da relação entre língua e espaço, mas remetem também à relação entre língua e sociedade, carregando os sentidos e percepções linguísticas (Preston, 1989) que a sociedade de determinado espaço evoca ao se deparar com alguém oriundo de outro lugar.

No *plano intralingual*, portanto, a escolha de um tema de pesquisa representa sempre um grande dilema para quem pretende iniciar um estudo geolinguístico. Nesse sentido, um critério importante, na definição de variáveis linguísticas, é que englobe variantes que sinalizem uma oposição de significados sociais que distinguem os grupos sociais em contato. Ou seja, quais marcas linguísticas são apontadas pelas variantes em uso por esses grupos? Quais correlações são esperadas entre a variação linguística e a configuração dos diferentes espaços de uso? Como exemplos de oposições de marcas linguísticas possíveis, pode-se citar:

[+*standard*] ← → [–*standard*]

[+formal, monitorado] ← → [+informal, espontâneo]

[+escrito] ← → [+falado]

[+dialetal, regional] ← → [–dialetal, regional]

[uso na matriz ← → [uso no ponto
de origem do migrante] de chegada do migrante]

[+associado à língua X] ← → [+associado à língua Y]

[+estigmatização] ← → [+prestígio]

[+presença da língua em contato] ← → [–presença da língua em contato]

[+convergente] ← → [+divergente]

[+monolíngue] ← → [+plurilíngue]

[+conservador] ← → [+inovador]

[+uso ativo] ← → [+uso passivo ou desuso]

[+manutenção] ← → [+perda]

[+geração velha] ← → [+geração jovem]

[+masculino] ← → [+feminino]

[+grupo religioso X] ← → [+grupo religioso Y]

etc.

As oposições acima valem, ao mesmo tempo, para o estudo de temas, no *plano interlingual e intervarietal*, envolvendo tanto a sociolinguística quanto a sociologia das línguas, sobretudo em contextos de plurilinguismo e de contatos de línguas minoritárias. Nesse âmbito de pesquisa ainda em desenvolvimento, na perspectiva geolinguística, destacam-se os seguintes temas:

1. estudos da *vitalidade linguística* (manutenção e perda de línguas e variedades) e sua variação conforme os diferentes espaços de uso;
2. estudos das *mesclas linguísticas*, tanto ao nível do léxico e da gramática (empréstimos linguísticos) quanto ao nível da frase (*code switching*, ou seja, alternâncias de código) e sua ocorrência em diferentes espaços de uso;

3. estudos da dinâmica de *territorialização de línguas* em contextos plurilíngues (onde se concentra cada grupo e como o espaço condiciona sua língua);
4. estudos de *paisagens linguísticas* (presença visual da língua por meio de inscrições em espaços públicos) e sua relação com as territorialidades de comunidades de fala distintas – entra, aqui, também o campo da toponímia e das marcas de identidade cultural;
5. estudos de *história das línguas e variedades* e seus movimentos de difusão em determinado espaço de uso;
6. estudos da *migração de línguas e variedades* de uma região a outra e a manutenção/substituição de marcas originais.

Haveria uma série de outros temas a garimpar. Como em toda introdução a uma área, a ênfase nos fundamentos da disciplina é crucial, para viabilizar o diálogo com os estudos geolinguísticos, de modo geral, e compreender o que está e não está contemplado, na perspectiva de uma geolinguística ampla e autônoma, centrada nas relações entre língua e espaço (nos dois sentidos).

O QUE EU PODERIA LER PARA SABER MAIS?

Além das indicações bibliográficas citadas no corpo do texto, que são leituras fundamentais para uma visão teórica e empírica do todo da geolinguística, o estudante e o estudioso interessados têm à disposição bancos de teses e dissertações disponíveis nos repositórios das universidades e sites dos principais projetos de atlas linguísticos em andamento, como ALiB e ALMA-H. Por essa via, pode-se chegar, ao mesmo tempo, a bancos de dados específicos, sem esquecer que os próprios atlas linguísticos representam fontes de dados não somente em forma de mapas, mas também de dados em áudio e transcrição. Por fim, para uma visão das fontes de atlas linguísticos, no Brasil, os volumes organizados por Aguilera (1998; 2005) e Aguilera e Romano (2016) oferecem um painel bastante amplo.

Notas

[1] Optou-se, neste capítulo, por não distinguir entre *mapa* e *carta linguística*, para evitar a ambiguidade que a palavra *carta* pode suscitar no leitor menos familiarizado, que a confunde com o gênero epistolar de carta.
[2] Disponível em: <http://portal.iphan.gov.br/indl/pagina/detalhes/1563>. Acesso em: jan. 2023.

52 A linguística hoje

Referências

ADDU = THUN, H. (Dir.). *Atlas lingüístico diatópico y diastrático del Uruguay – Norte (ADDU-Norte).* Parte cartográfica: Tomo I: Consonantismo y vocalismo del español. Fasc. A.1.: Lateral palatal (/ʎ/, <ll> y Fricativa Mediopalatal (/j/, <y>): Lleísmo, yeísmo, zeísmo y cheísmo en el español uruguayo). Kiel: Westensee-Verl., 2000a.

ADDU = THUN, H. (Dir.). *Atlas lingüístico diatópico y diastrático del Uruguay – Norte (ADDU-Norte).* Parte cartográfica: Tomo I: Consonantismo y vocalismo del portugués. Fasc. I.A. 1/1: Laterales y palatales (A. 1/1: Palatalización de las oclusivas apicodentales (/t/ + [i], /d/ + [i]); A.1/2. Yeísmo y ʎeísmo). Kiel: Westensee-Verl., 2000b.

AGUILERA, V. (org.). *A geolingüística no Brasil:* caminhos e perspectivas. Londrina: UEL, 1998.

AGUILERA, V. (org.). *A geolingüística no Brasil:* trilhas seguidas, caminhos a percorrer. Londrina: Eduel, 2005.

AGUILERA, V.; ROMANO, V. P. (orgs.). *A geolingüística no Brasil:* caminhos percorridos, horizontes alcançados. Londrina: Eduel, 2016.

ALERS = ALTENHOFEN, C. V.; KLASSMANN, M. (orgs.). *Atlas lingüístico-etnográfico da região sul do Brasil (Alers):* cartas semântico-lexicais. Porto Alegre: Editora da UFRGS; Florianópolis: Editora da UFSC, 2011a. Disponível em: <https://lume.ufrgs.br/handle/10183/232162>.

ALERS = KOCH, W.; ALTENHOFEN, C. V.; KLASSMANN, M. (orgs.). *Atlas Lingüístico-Etnográfico da Região Sul do Brasil (Alers):* introdução, cartas fonéticas e morfossintáticas. 2ª. ed. Porto Alegre: Editora da UFRGS; Florianópolis: Editora da UFSC, 2011b. Disponível em: <https://lume.ufrgs.br/handle/10183/232185>.

ALF = GILLIÉRON, J.; EDMONT, E. *Atlas Linguistique de la France.* Paris: Champion, 1902-10.

ALGR = THUN, H.; JACQUET, M. da G. P.; HARDER, A.; MACHUCA, M. R.; PEEMÖLLER, J. *Atlas lingüístico guaraní-románico:* sociología (ALGR-S). Tomo II: mapas. Kiel: Westensee-Verl., 2002.

ALGR = THUN, H.; AQUINO, A.; DIETRICH, W.; SYMEONIDIS, H. *Atlas lingüístico guaraní-románico (ALGR).* Tomo I: léxico del cuerpo humano. Kiel: Westensee, 2009.

ALGR = THUN, H.; DIETRICH, W.; SYMEONIDIS, H. *Atlas lingüístico guaraní-románico (ALGR).* Tomo II: léxico del parentesco. Kiel: Westensee, 2015.

ALiB = CARDOSO, S. A. M. da S.; MOTA, J. A.; AGUILERA, V. de A.; ARAGÃO, M. S.; ISQUERDO, A. N.; RAZKY, A; MARGOTTI, F. W.; ALTENHOFEN, C. V. *Atlas linguístico do Brasil:* vol. 1 – Introdução. Londrina: Ed. UEL, 2014a.

ALiB = CARDOSO, S. A. M. da S.; MOTA, J. A.; AGUILERA, V. de A.; ARAGÃO, M. S.; ISQUERDO, A. N.; RAZKY, A; MARGOTTI, F. W. *Atlas linguístico do Brasil:* vol. 2 – Cartas linguísticas. Londrina: Ed. UEL, 2014b.

ALMA-H = ALTENHOFEN, C. V.; THUN, H.(coord.). *Atlas linguístico-contatual das minorias alemãs na Bacia do Prata*: Hunsrückisch. [Projeto em andamento]. Porto Alegre; Kiel: UFRGS; Univ. Kiel, 2023. Disponível em: <https://www.ufrgs.br/projalma/>.

ALTENHOFEN, C. V. *Interfaces entre dialetologia e história.* In: MOTA, Jacyra; CARDOSO, Suzana A. M. (orgs.). *Documentos 2: Projeto Atlas Linguístico do Brasil.* Salvador: Quarteto, 2006. pp. 159-185.

ALTENHOFEN, C. V. *O "território de uma língua":* ocupação do espaço pluridimensional por variedades em contato na Bacia do Prata. In: FERNÁNDEZ, Ana Lourdes da R. N. et al. (orgs.). *Línguas em contato: onde estão as fronteiras?* Pelotas: Ed. UFPel, 2014. pp. 69-103.

ALTENHOFEN, C. V.; THUN, H. *A migração e os contatos linguísticos na geografia linguística do sul do Brasil e Bacia do Prata.* In: AGUILERA, Vanderci de Andrade; ROMANO, V. P. *A geolinguística no Brasil:* caminhos percorridos, horizontes alcançados. Londrina: Eduel, 2016. pp. 371-392.

AMARAL, A. *O dialeto caipira.* 3. ed. São Paulo: Hucitec; Secretaria da Cultura, Ciência e Tecnologia, 1976 [1920].

BELLMANN, G. *Zweidimensionale Dialektologie.* In: BELLMANN, G. (Hrsg.). *Beiträge zur Dialektologie am Mittelrhein.* Stuttgart: Steiner, 1986. pp. 1-55.

CARDOSO, S. A. M.; Mota, J. A. *Um passo da geolingüística brasileira:* o Projeto ALiB. In: MOLLICA, M. C.; BRAGA, M. L. (orgs.). *Introdução à sociolinguística:* o tratamento da variação. São Paulo: Contexto, 2003. pp. 39-49.

CARDOSO, S. A. M.; MOTA, J. A. *Do século XX ao XXI:* caminhos do Atlas Linguístico do Brasil. In: Aguilera, V.; ROMANO, V. P. (orgs.). *A geolingüística no Brasil:* caminhos percorridos, horizontes alcançados. Londrina: Eduel, 2016. pp. 21-33.

CHAMBERS, J. K.; TRUDGILL, P. *Dialectology*. 2. ed. Cambridge: Cambridge University Press, 1998 [1980].

DSA = *Deutscher Sprachatlas*. Auf Grund des Sprachatlas des Deutschen Reichs von Georg Wenker, begonnen v. Ferdinand Wrede, fortgesetzt v. Walther Mitzka u. Bernhard Martin. Marburg, 1927-1956.

FERREIRA, C.; Cardoso, S. A. *A dialetologia no Brasil*. São Paulo: Contexto, 1994.

FERREIRA, C.; Cardoso, S. Um panorama da dialectologia no Brasil. *Revista Internacional de Língua Portuguesa*. Lisboa, n. 14 [Número especial], pp. 91-105, dez. 1995.

MARROQUIM, M. *A língua do Nordeste (Alagôas e Pernambuco)*. São Paulo: Companhia Editora Nacional, 1934.

MRHSA (1994-2002) = BELLMANN, G.; HERRGEN, J.; SCHMIDT, J. E. *Mittelrheinischer Sprachatlas (MRhSA)*. Unter Mitarb. von Georg Drenda. Tübingen: Niemeyer, 1994 (Bd. 1), 1995 (Bd. 2), 1997 (Bd. 3), 1999 (Bd. 4), 2002 (Bd. 5).

MIGNOLO, W. D. *Histórias locais / projetos globais:* colonialidade, saberes subalternos e pensamento liminar. Belo Horizonte: UFMG, 2003.

NASCENTES, A. *O linguajar carioca*. 2. ed. completamente refundida. Rio de janeiro: Organização Simões, 1953.

PRESTON, D. R. *Perceptual Dialectology:* nonlinguists' views of areal linguistics. Dordrecht; Providence R.I.: Foris Publications, 1989.

RADTKE, E.; Thun, H. *Nuevos caminos de la geolingüística románica*. Un balance. In: RADTKE, E.; THUN, H. (eds.). *Neue Wege der romanischen Geolinguistik*: Akten des Symposiums zur empirischen Dialektologie. Kiel: Westensee-Verl., 1996, pp. 25-49.

THUN, H. *Movilidad demográfica y dimensión topodinámica*. Los montevideanos en Rivera. In: RADTKE, E; THUN, H. (orgs.). *Neue Wege der romanischen Geolinguistik:* Akten des Symposiums zur empirischen Dialektologie. Kiel: Westensee-Verl., 1996, pp. 210-269.

THUN, Harald. La geolingüística como lingüística variacional general (com ejemplos del Atlas lingüístico Diatópico y Diastrático del Uruguay). In: International Congress of Romance Linguistics and Philology (21: 1995: Palermo). *Atti del XXI Congresso Internazionale di Linguistica e Filologia Romanza*. org. Giovanni Ruffino. Tübingen: Niemeyer, 1998. v. 5, pp. 701-729.

THUN, H. Pluridimensional cartography. In: LAMELI, A.; KEHREIN, R.; RABANUS, C. (eds.). *Language mapping*. Berlin: de Gruyter Mouton, 2010, pp. 506-523.

THUN, H. O velho e o novo na geolinguística. *Cadernos de Tradução*, Porto Alegre, n.40, pp. 59-81, jan./jun. 2017. [2000].

Linguística aplicada

Simone Sarmento

O QUE É A LINGUÍSTICA APLICADA?

Definir linguística aplicada (LA) é um desafio, mesmo entre aqueles que se descrevem como linguistas aplicados, uma vez que a LA pode ter significados diferentes (Wei, 2013). Pode-se, inclusive, aventar a hipótese de que nenhum outro campo das humanidades ou das ciências sociais tenha suscitado tanto debate sobre sua autoimagem quanto a LA. Maria Antonieta Celani, um dos grandes nomes da LA no Brasil, afirmou que, "embora desde os fins do século XIX comece a aparecer a necessidade de se definir linguística aplicada, a dificuldade de se encontrar uma definição satisfatória para o termo parece persistir até hoje" (Celani, 1992: 15). De 1992 para cá, não parece ter havido grandes mudanças no sentido de uma definição clara. Dessa forma, nas próximas linhas tentarei delinear os principais pontos de *quasi*-consensos sobre a área.

Como o nome pode sugerir, LA refere-se à aplicação das teorias linguísticas, certo? A resposta para o questionamento é um grande e sonoro NÃO (Cavalcanti, 1986), e talvez este seja um dos maiores consensos da área, contrariando o senso comum. Ainda que questões de linguagem sejam centrais para a LA, entende-se que esse campo tem uma natureza inter/multi/pluridisciplinar, ou seja, tem o auxílio de resultados de pesquisas de várias outras áreas de investigação, como, por exemplo, educação, psicologia, comunicação, antropologia, sociologia, entre outras. A linguística teórica, nesse caso, é apenas uma das áreas com as quais a LA se relaciona, havendo, inclusive, controvérsias sobre a extensão dessa relação (Pennycook, 2018; Widdowson, 2018), cabendo ao linguista aplicado decidir a relevância dos insumos oriundos da linguística para cada estudo. Moita Lopes (2006) amplia essa questão e caracteriza a LA como "indisciplinar", ou seja, uma LA que não se circunscreve a limites disciplinares, metodológicos, teóricos ou analíticos. De qualquer forma, é esperado que o linguista aplicado conheça um pouco sobre muitas áreas para compor o arcabouço teórico-metodológico de suas investigações. Em outras palavras, a multidisciplinaridade se aplica não apenas à disciplina como um todo, mas também ao praticante individual.

Além disso, pode-se também sustentar que o foco da LA não seja na linguagem em si, mas na linguagem em uso (Grabe, 2012; Hellermann, 2015), na realização comunicativa da língua natural (Cavalcanti, 1986). Dito de outra forma, a LA apresenta uma perspectiva de linguagem como uma prática localizada que não pode, assim, ser tratada separadamente de seus falantes, histórias, culturas e ideologias (Pennycook, 2001).

O QUE A LINGUÍSTICA APLICADA ESTUDA?

Ao introduzir o número especial do periódico *Applied Linguistics* (2015), dedicado a fornecer definições e novos caminhos para a LA, Hellerman aponta que as definições apresentadas na edição sugerem que o campo está focado em identificar e trabalhar em direção a soluções para "questões" ou "problemas" que têm a ver com a linguagem, particularmente, com o uso da linguagem, visão também referendada por vários outros autores (Grabe, 2012; Pennycook, 2018; Shuy, 2015; Widdowson, 2018; para citar alguns). Alguns dos tipos de problemas com os quais a LA se ocupa são: como podemos melhorar o ensino de línguas? Que subsídios podemos oferecer para melhorar a formação de professores de línguas? Como elaborar uma avaliação linguística para médicos estrangeiros atuarem no país? Como podemos avaliar um programa de educação bilíngue? Que conselhos podemos oferecer ao Ministério da Educação numa proposta para introduzir uma língua adicional como meio de instrução? Moita Lopes (2006), no entanto, afirma que a LA não teria necessariamente esse papel solucionista dos problemas, mas, sim, seria "um modo de criar inteligibilidade sobre problemas sociais em que a linguagem tem um papel central" (Moita Lopes, 2006: 14).

Termino esta seção com a definição apresentada pela Associação Internacional de Linguística Aplicada (Aila), uma das principais associações dos estudiosos da área, por ser uma definição largamente citada por autores que se dedicam a explicar este campo de conhecimento e por englobar todos os aspectos citados acima:

A linguística aplicada é um campo interdisciplinar e transdisciplinar de pesquisa e prática que lida com problemas práticos de linguagem e

Linguística aplicada **57**

comunicação que podem ser identificados, analisados ou resolvidos pela aplicação de teorias, métodos e resultados disponíveis da linguística ou pelo desenvolvimento de novos quadros teóricos e metodológicos em linguística para trabalhar sobre esses problemas. A linguística aplicada difere da linguística em geral principalmente no que diz respeito à sua orientação explícita para problemas práticos e cotidianos relacionados à linguagem e à comunicação. Os problemas com os quais a linguística aplicada lida vão desde aspectos da competência linguística e comunicativa do indivíduo, como aquisição de primeira ou segunda língua, alfabetização, distúrbios de linguagem etc. à linguagem e à comunicação relacionadas a problemas nas e entre as sociedades, tais como variação linguística e discriminação linguística, multilinguismo, conflito linguístico, política linguística e planeamento linguístico (Aila, tradução minha).

Com base no exposto, depreende-se que a LA é uma área interdisciplinar, situada e voltada à resolução de problemas relacionados à língua/linguagem em uso.

QUAIS SÃO AS GRANDES LINHAS DE INVESTIGAÇÃO?

Grabe (2012) sugere a publicação do primeiro número da revista *Language Learning: A Journal of Applied Linguistics*, em 1948, como uma das possíveis origens da LA. Naquela época, o termo referia-se à aplicação de teorias linguísticas principalmente ao ensino de segunda língua, e, em menor escala, ao ensino de língua materna (Cavalcanti, 1986). Segundo Hass (1953, apud Schmitz, 1992), a LA se dedicaria: (i) ao ensino de línguas, (ii) à aprendizagem de línguas e (iii) à descrição linguística. Já na década de 1960, houve uma ampliação da área que abarcou questões de avaliação de linguagem, políticas linguísticas e o então novo campo de aplicação de aquisição de segunda língua (SLA), com foco prioritário na aprendizagem.

Na década de 1970, a LA ampliou-se para englobar multilinguismo, direitos de minorias linguísticas e formação de professores. Foi nessa década, especificamente em 1971, que Celani fundou o primeiro programa de pós-graduação em LA no Brasil, na PUC-SP (Silva, 2015).

Nos anos 1980, houve o entendimento de que a LA trabalha com contextos sociais situados, havendo, portanto, a percepção da importância da análise de necessidades e soluções pensadas para contextos específicos. Além disso, houve o reconhecimento de que não há uma disciplina única que possa fornecer todas as ferramentas e recursos para abordar problemas de linguagem do mundo real

58 A linguística hoje

e que é necessário utilizar uma variada gama de métodos e metodologias para dar conta desses problemas. Questões linguísticas em ambientes profissionais, tradução, lexicografia, bilinguismo e multilinguismo, linguagem e tecnologia e linguística de *corpus* começaram também a ser de interesse da área. Além disso, observa-se uma aproximação com os estudos centrados nos discursos assimétricos tipo médico-paciente e professor-aluno, compreensão em leitura e a aproximação com a abordagem da etnografia da fala (Gumperz; Hymes, 1972, Cavalcanti, 1986)[1].

Na virada do século XXI, tivemos o surgimento do termo linguística aplicada crítica (CALx a partir do termo em inglês). Embora as pessoas façam CALx há muito tempo, o termo se cristalizou a partir de Pennycook (1990, 2001). A CALx se concentra na análise crítica das relações de poder e desigualdades sociais presentes nas práticas linguísticas, buscando compreender como a linguagem influencia e é influenciada pela sociedade, pela cultura e pelas relações sociais, e como ela pode ser utilizada para perpetuar ou desafiar as desigualdades e as relações de poder. As abordagens da LA e da CALx baseiam-se em tradições sobre linguagem e pedagogia que são mais antigas, como os trabalhos de Vološinov (1895-1936), Foucault (1926-1984) e Paulo Freire (1921-1997). Paralelamente, nos anos 2000, os estudos sobre tecnologia e ensino também ganham notoriedade (Archanjo, 2011). O avanço das tecnologias digitais deu espaço aos estudos sobre os multiletramentos, incluindo os letramentos digitais, que buscam a compreensão sobre as mudanças trazidas à vida contemporânea a partir do uso cada vez mais frequente das novas tecnologias. Neste cenário, faz-se presente o desafio da formação docente voltada para os letramentos digitais (Monte Mor, 2020).

Segundo Lei e Liu (2019), a área da LA, ao longo dos anos, foi mudando do estudo de unidades menores, ou seja, de palavras e frases, para estudos de unidades maiores, como textos e discursos. Uma das perspectivas mais úteis que surgiu dessa evolução foi o desenvolvimento da análise de registros, análise de gênero e os recursos da linguística de *corpus*[2], uma vez que se aplicam a uma diversidade de situações de aprendizagem e de usos de língua (Grabe, 2012). Além disso, no contexto brasileiro, Moita Lopes (2006) sugere que as pesquisas em LA, além de se dedicarem ao ensino/aprendizagem de línguas na sala de aula, têm se expandido para outras esferas, com foco na linguagem e uso e relações de poder, como clínicas de saúde, delegacias de mulheres etc. O autor argumenta que os resultados de pesquisa devem ser compartilhados entre os pares da academia e os sujeitos que vivenciam as práticas sociais, para que possam opinar e validar nossas questões de pesquisa.

QUE ESTUDOS PODEM SER DESENVOLVIDOS NA LA?

De uma forma geral, a LA, como uma abordagem voltada à resolução de problemas, parece inclinar-se às perspectivas metodológicas qualitativas. No entanto, há, também, muitos linguistas aplicados interessados em dados quantificáveis e, portanto, adeptos da metodologia quantitativa. Existem variados métodos de coleta/geração de dados que podem ser utilizados, incluindo entrevistas, observação, questionários, análise de textos (escritos, falados, multimodais), entre outros. A escolha da abordagem a ser utilizada depende do objetivo e do contexto específico do estudo.

A metodologia qualitativa permite uma análise detalhada e profunda das práticas linguísticas e suas implicações sociais, e é especialmente útil na compreensão de como as pessoas usam a linguagem para expressar sua identidade e construir relações sociais. Os métodos quantitativos, utilizados quando os estudos visam obter dados quantificáveis, se baseiam na coleta e análise de dados que podem ser mensuráveis. Para isso, perguntas de pesquisa específicas são respondidas por meio da interface entre linguística e estatística, valendo-se, portanto, de medidas (médias, medianas, desvios padrão etc.) e testes estatísticos. Existem também métodos mistos que combinam abordagens qualitativas e quantitativas; entre os mais comuns estão análise de conteúdo, que combina técnicas qualitativas e quantitativas para verificar o significado de textos e dados linguísticos; estudo de caso, que pode lançar mão de entrevistas, observação e análise de dados quantitativos para investigar uma questão de pesquisa específica; e análise de discurso, que pode incluir técnicas qualitativas e quantitativas (muitas vezes com a utilização da linguística de *corpus*) para analisar o discurso em contextos sociais e políticos.

A seguir, descreverei alguns estudos que, de forma alguma, representam a variada gama de tipos e tópicos de pesquisa que podem ser desenvolvidos na LA, mas podem oferecer uma breve ideia da amplitude dessa área de investigação.

Borba (2019) analisa o papel que a linguagem e o gênero desempenharam na construção da animosidade entre vários constituintes durante uma crise política no Brasil. Para tanto, investigou o debate ideológico linguístico sobre o uso inovador da letra X como morfema de gênero – uma alternativa inclusiva contrária ao sistema binário gramatical de gênero do português. Os dados incluem artigos de opinião, postagens em blogs, artigos de notícias e entrevistas semiestruturadas em profundidade com as partes interessadas no debate. Já Jung e Machado Silva (2021) abordam as práticas linguísticas que circunscrevem fenômenos de mercantilização de linguagem em um evento festivo denominado "Deutsches Fest", que ocorre anualmente em uma pequena cidade do interior do Paraná. Os dados utilizados no estudo incluem entrevistas, notícias publicadas em jornais locais, propagandas em postagens no Facebook e em programas de televisão e fotografias da cidade e de diferentes edições da festa. Velasco, Oliveira e Gago (2021) analisaram, à luz da análise da conversa multimodal[3], um vídeo postado no YouTube que registra o uso de uma técnica de imobilização conhecida como mata-leão. A análise mostra que a decisão de usar a força é um processo interpretativo, coconstruído interacionalmente.

Na área de formação docente, Nascimento (2019), por meio de observações participantes, entrevistas semiestruturadas e diário de campo, analisa as práticas de letramento e a formação inicial de professores de inglês no Programa Institucional de Bolsas de Iniciação à Docência (Pibid). No contexto de português como língua adicional, Schlatter e Costa (2020), a partir de uma perspectiva etnográfica[4], descrevem as ações de duas professoras que trabalham com docência compartilhada e analisam como elas constroem seu desenvolvimento profissional e negociam suas identidades.

Com relação a pesquisas voltadas ao uso de tecnologias, Telles (2015) investigou o projeto Teletandem, um contexto virtual no qual dois falantes de línguas diferentes utilizam recursos de tecnologia para auxiliar o parceiro a aprender a sua língua materna (ou linguagem de proficiência). O estudo utilizou dados quantitativos e qualitativos de 134 estudantes universitários, de forma a revelar o conteúdo dos processos de aprendizagem, atividades, estratégias e recursos adotados pelos alunos. Nunes, Ludovico, Barcellos e Sarmento (2022) analisaram um Mooc (*Massive Open Online Course*) voltado à formação de professores de inglês através de um estudo de caso.

Garcez (2019) realizou levantamento nos currículos Lattes dos pesquisadores detentores de bolsa de produtividade de 1A a 1D autoidentificados como linguistas aplicados com relação à produção bibliográfica entre 2007 e 2017. O autor verificou que a produção é robusta e "majoritariamente editada no Brasil e redigida em língua portuguesa". Nessa mesma direção, Baumvol, Sarmento e Fontes (2021) analisam 1.874 currículos Lattes de pesquisadores PQ/CNPq das oito áreas de conhecimento e encontraram um grande contraste com relação ao uso do inglês entre os pesquisadores de áreas mais voltadas às ciências exatas e biológicas em comparação com pesquisadores das áreas mais voltadas às ciências humanas, que mostram uma preferência evidente por publicar em língua portuguesa.

À luz da linguística de *corpus*, Bocorny et al. (2020) analisaram um *corpus* de artigos acadêmicos da área da saúde com o objetivo de levantar *key lexical bundles* (sequências contínuas e recorrentes de palavras consideradas características de uma coleção de textos) e classificá-los de acordo com sua função comunicativa. Com base nos resultados, as autoras sugeriram aplicações pedagógicas com vistas à redação de artigos acadêmicos. Guimarães dos Santos e Ramos (2021) identificaram a organização retórica de 20 textos do gênero "reportagem de divulgação científica" a partir do trabalho de Swales (1990). Os resultados da análise revelaram uma organização composta de quatro funções retóricas (incitar o público-alvo a ler a reportagem, contextualizar o tema, problematizar o tema e concluir a reportagem).

O QUE EU PODERIA LER PARA SABER MAIS?

Há muitas publicações sobre a LA para interessados nesse campo de estudo. Irei listar aqui obras na língua portuguesa.

Para entendermos um pouco sobre a origem e a história da LA no Brasil, indico Cavalcanti (1986), Paschoal e Celani (1992), Schmitz (1992) e Signorini e Cavalcanti (1998). O artigo de Archanjo (2011) traça uma história da área a partir de diferentes edições do Congresso Brasileiro de Linguística Aplicada, enquanto Kleiman, Vianna e Grande (2019) relacionam pesquisas sobre formação docente com as origens da área no Brasil. Partindo da orientação transdisciplinar de Cavalcanti (1986), Silva (2015) indica alguns postulados da fase madura da LA. Para panoramas sobre diferentes estudos e perspectivas da área, sugiro Jordão (2016), o v. 19 n. 4 da revista Calidoscópio (2021), Silveira e Alves (2021) e o v. 38, número 4 da revista *Delta*. Novas perspectivas com textos de importantes estudiosas da área e podem ser encontradas em Moita Lopes (2006), Szundy, Tílio e Melo (2019) e Moita Lopes et al. (2022).

Notas

[1] Há aqui uma forte aproximação com a sociolinguística, ver capítulo "Sociolinguística", neste volume.

[2] Ver capítulo "Linguística de *corpus*", neste volume.

[3] Análise da conversa multimodal é uma área de estudo que se concentra na compreensão e na interpretação de mensagens que incluem vários modos de comunicação, como texto escrito, áudio, vídeo e gestos corporais. Esta abordagem busca compreender como os diferentes modos de comunicação interagem e complementam-se uns aos outros na construção do significado em uma conversa ou interação.

[4] A perspectiva etnográfica se concentra na compreensão da cultura e das práticas sociais de um grupo social específico e busca compreender a perspectiva do grupo dando voz e importância às perspectivas e aos conhecimentos das pessoas que compõem aquele grupo.

Referências

ARCHANJO, R. Linguística aplicada: uma identidade construída nos CBLA. *Revista Brasileira de Linguística Aplicada*, v. 11, 2011, pp. 609-632.

APPLIED LINGUISTICS. Special Issue: Definitions for Applied Linguistics. v. 36, Issue 4. Disponível em: <https://academic.oup.com/applij/issue/36/4 >. Acesso em: mar. 2023.

BAUMVOL, L.; SARMENTO, S.; FONTES, A. B. A. L. Scholarly publication of Brazilian researchers across disciplinary communities. *Journal of English for Research Publication Purposes*. v. 2, pp. 5-29, 2021.

BOCORNY, A. E. P.; REBECHI, R.; REPPEN, R.; DELFINO, M. C. N.; LAMEIRA, V. A produção de artigos da área das ciências da saúde com o auxílio de key lexical bundles: um estudo direcionado por corpus. *DELTA*. Documentação de Estudos em Linguística Teórica e Aplicada. v. 37, pp. 1, 2021.

BORBA, R. Gendered politics of enmity: language ideologies and social polarisation in Brazil. *Gender and Language*. v. 13, n. 4, pp. 423-448.

CAVALCANTI, M. A propósito de linguística aplicada. *Trabalhos em Linguística Aplicada* v. 7, n. 2, 2019, pp. 5-12.

CELANI, M. A. A. Afinal, o que é linguística aplicada? In: PASCHOAL, M; CELANI, M. A. A. (orgs.) *Linguística aplicada:* da aplicação da linguística à linguística transdisciplinar. São Paulo: EDIC, 1992. pp. 15-23.

GARCEZ, M. A (in)visibilidade da pesquisa em linguística aplicada brasileira: o que é publish or perish para os linguistas aplicados no Brasil? In: SZUNDY, P. T. C.; TILIO, R.; MELO, G. C. V. (orgs.). *Inovações e desafios epistemológicos em linguística aplicada na América Latina*. Campinas, SP: Pontes Editores, 2019, pp. 41-62.

GRABE, W. Applied linguistics: a twenty-first-century discipline. In: *The Oxford handbook of applied linguistics*. Oxford University Press. 2012.

GUIMARÃES DOS SANTOS, T.; RAMOS, W. C. A organização retórica do gênero textual reportagem de divulgação científica. *DELTA*: Documentação e Estudos em Linguística Teórica e Aplicada. v. 37, n. 2, 2022. Disponível em: <https://revistas.pucsp.br/index.php/delta/article/view/48177>>. Acesso em: fev. 2023.

HELLERMANN, J. Three contexts for my work as co-editor: introduction to the special issue. *Applied Linguistics* v. 36, n. 4, 2015, pp. 419-424. Disponível em: <https://doi.org/10.1093/applin/amv043 >. Acesso em: fev. 2023.

JORDÃO, C. M. (org.) *A linguística aplicada no Brasil*: rumos e passagens. Campinas: Pontes Editores, 2016.

JUNG, N. M.; MACHADO E SILVA, R. C. Deutsches Fest: vergonha e orgulho em um evento de mobilizações simbólicas e econômicas. *Trabalhos em Linguística Aplicada*. Campinas, SP, v. 60, n. 2, pp. 364-378, 2021. Disponível em: <https://periodicos.sbu.unicamp.br/ojs/index.php/tla/article/view/8664776>. Acesso em: fev. 2023.

KLEIMAN, A., VIANNA, C. A. D.; DE GRANDE, P. B. A linguística aplicada na contemporaneidade: uma narrativa de continuidades na transformação. *Calidoscópio*, *17*(4), 2019724–742. Disponível em: <https://revistas.unisinos.br/index.php/calidoscopio/article/view/cld.2019.174.04>. Acesso em: abr. 2023

LEI, L.; LIU, D. Research trends in applied linguistics from 2005 to 2016: a bibliometric analysis and its implications. *Applied Linguistics* v. 40, n. 3, 2019, pp. 540-561.

MOITA LOPES, L. P. Uma linguística aplicada mestiça e ideológica. Interrogando o campo como linguista aplicado. In: *Por uma linguística aplicada indisciplinar*. São Paulo: Parábola Editorial, 2006.

MOITA LOPES, L. P. (org.). *Por uma linguística aplicada indisciplinar*. São Paulo: Parábola, 2006.

MOITA-LOPES, L. P.; GONZALES, C.; MELO, G. C. V. ; GUIMARÃES, T. F. *Estudos queer em linguística aplicada indisciplinar*. São Paulo: Parábola, 2022.

MONTE MOR, W. O ensino e o(a) professor(a) de línguas na sociedade digital. In: LEFFA, V.; FIALHO, V.; BEVILAQUA, A; COSTA, R. (orgs.) *Tecnologias e ensino de línguas: uma década de pesquisa em Linguística Aplicada*. Santa Cruz do Sul: Edunisc, 2020.

NUNES, M. B.; LUDOVICO, F. M.; BARCELLOS, P. C. C.; SARMENTO, S. Mooc para formação de professores de língua inglesa para ensino on-line em tempos de ensino remoto emergencial. *Revista X*, v. 17, 2022, pp. 950.

PASCHOAL, M. S. Z.; CELANI, M. A. A. *Linguística aplicada:* da aplicação da linguística à linguística transdisciplinar. São Paulo: EDUC, 1992.

PENNYCOOK, A. Towards a critical applied linguistics for the 1990s. *Issues in Applied Linguistics*. v. 1, 1990. Disponível em: <http://dx.doi.org/10.5070/L411004991>. Acesso em: fev. 2023.

PENNYCOOK, A. Critical applied linguistics: a critical introduction. *Routledge*. 2001. Disponível em: <https://doi.org/10.4324/9781410600790>. Acesso em: fev. 2023.

PENNYCOOK, A. Applied linguistics as epistemic assemblage. *AILA Review*. v. 31.1, 2018, pp. 113-134.

NASCIMENTO, A. K. O. Pibid inglês: formação inicial de professores e letramentos – outros sentidos para English Everywhere. *Revista Brasileira de Linguística Aplicada*. v. 19, n. 3, 2019. Disponível em: <https://doi.org/10.1590/1984-639820191358>. Acesso em: fev. 2023.

SCHLATTER, M.; COSTA, E. V. Docência compartilhada como design de formação de professores de português como língua adicional. *Calidoscópio*. v. 18, n. 2, 2020, pp. 351-372. Disponível em: <https://doi.org/10.4013/cld.2020.182.06>. Acesso em: fev. 2023.

SCHMITZ, J. R. Linguística aplicada e o ensino de línguas estrangeiras no Brasil. *ALFA*. v. 36, 1992. Disponível em: <https://periodicos.fclar.unesp.br/alfa/article/view/3921>. Acesso em: fev. 2023.

SHUY, R.W. Applied Linguistics Past and Future. *Applied Linguistics*. v. 36, n. 4, 2015, pp. 434-443. Disponível em <https://doi.org/10.1093/applin/amv016>. Acesso em: fev. 2023.

SIGNORINI, I. e M. C. CAVALCANTI (orgs.) *Linguística aplicada e transdisciplinaridade*: questões e perspectivas. Campinas: Mercado de Letras, 1998.

SILVA, D. A. N. A propósito de linguística aplicada: 30 anos depois: quatro truísmos correntes e quatro desafios. *DELTA*. v. 31, 2015, pp. 349-376.

SILVEIRA, R.; ALVES, U. K. . What counts as applied linguistics: a review of publications in consolidated applied linguistics journals in Brazil and abroad. In: SILVEIRA R.; GONÇALVES, A. R. (org.). *Applied Linguistics questions and answers*: essential readings for teacher educators. Florianópolis: Universidade Federal de Santa Catarina, 2021, pp. 141-160.

SZUNDY, P. T. C.; TÍLIO, R.; MELO, G. C. V. (org.). *Inovações e desafios epistemológicos em linguística aplicada*: perspectivas sul-americanas. Campinas: Pontes Editores, 2019.

TELLES, J. A. Learning foreign languages in teletandem: resources and strategies. *DELTA*. v. 31, 2015, pp. 603-632.

VELASCO, A. D. A. B.; OLIVEIRA, M. do C. L.; GAGO, P. C. O uso da técnica do mata-leão em abordagem policial: um estudo multimodal de fala-em-interação. *Calidoscópio*. v. 19, n. 2, 2021, pp. 243-261. Disponível em: < https://doi.org/10.4013/cld.2021.192.06>. Acesso em: fev. 2023

WEI, L. Introducing applied linguistics. In: *Applied linguistics*. John Wiley & Sons, 2013.

WIDDOWSON, H. G. Applied linguistics as transdisciplinary practice: What's in a prefix? *AILA* v. 31, n.1, 2018, pp. 135-142.

Linguística cognitiva

Lilian Ferrari

O QUE É A LINGUÍSTICA COGNITIVA?

A linguística cognitiva é uma vertente de estudos linguísticos que começou a ser delineada nos anos 1970, tendo crescimento expressivo na década de 1980. Esse crescimento culminou com o lançamento do periódico *Cognitive Linguistics*, em 1990, que inspirou a denominação oficial da área. A linguística cognitiva passou, então, a ser reconhecida como um campo teórico específico, tendo seus movimentos iniciais vinculados às contribuições pioneiras de George Lakoff, Ronald Langacker e Leonard Talmy[1].

Vale destacar que o campo não se caracteriza apenas pela abordagem cognitiva dos fenômenos linguísticos, mas por sua proposta inovadora em relação à cognição. Enquanto a premissa básica do modelo gerativo é a de que a linguagem é uma faculdade cognitiva inata e autônoma (Chomsky, 1965), uma das principais hipóteses da linguística cognitiva é a de que a representação do conhecimento linguístico é essencialmente a mesma que a representação de outras habilidades cognitivas, como a percepção, o raciocínio matemático etc. (Lakoff, 1987).

Além disso, no âmbito da linguagem, a perspectiva modular da teoria gerativa prevê a primazia do módulo sintático em relação aos outros módulos (fonológico, semântico etc.). Isso significa que o modelo gerativo não permite, por exemplo, que se ofereça uma explicação semântica para um fenômeno sintático. Já a linguística cognitiva, sob a perspectiva não modular, tem entre seus objetivos fundamentais a investigação das relações entre sintaxe e semântica, dedicando especial atenção à caracterização do significado como conceptualização.

O QUE A LINGUÍSTICA COGNITIVA ESTUDA?

A linguística cognitiva tem sido reconhecida por sua flexibilidade no desenvolvimento de um conjunto de tópicos de pesquisa, e não como uma teoria de linguagem única (Geeraerts e Cuykens, 2007). A ausência de uma teoria unificada, entretanto, não impede que pesquisadores da área reconheçam princípios básicos da organização conceptual refletidos na linguagem, entre os quais se destacam as noções de *frame e modelo cognitivo idealizado* e o fenômeno de *categorização*, descritos a seguir.

Frame e modelo cognitivo idealizado (MCI)

O conceito de *frame* surgiu como uma contribuição pioneira de Fillmore (1975, 1977, 1982, 1985) para a descrição do significado. Em busca de uma "semântica da compreensão" (*understanding semantics*), em oposição à "semântica de condições de verdade" (*truth semantics*), que predominava entre os modelos semânticos formalistas vigentes à época, Fillmore propôs que o significado de palavras e expressões é caracterizado por *frames,* que constituem estruturas de conhecimento culturalmente compartilhadas e armazenadas na memória de longo prazo.

Um dos *frames* descritos detalhadamente é o de CENA COMERCIAL, que relaciona os elementos *comprador, vendedor, mercadoria* e *valor* (Fillmore, 1977). Assim, a sentença "Maria *comprou* um livro" ativa o *frame* de cena comercial, destacando o *comprador* ("Maria") e a *mercadoria* ("livro"), ao mesmo tempo em que evoca outros componentes inter-relacionados do *frame,* como *vendedor* e *valor.*

A noção de *modelo cognitivo idealizado* (MCI), proposta por Lakoff (1987), pretende destacar o caráter idealizado inerente aos *frames.* Exemplificando com o item lexical "mãe", Lakoff destaca um conjunto de modelos cognitivos que compõem o significado idealizado do termo: modelo de nascimento (aquela que gesta e dá a luz), modelo de criação (aquela que cuida e cria), modelo conjugal (a esposa do pai), modelo de nutrição (aquela que amamenta) etc. Obviamente, as mães reais não se conformam necessariamente a todos esses modelos, o que demonstra que o MCI funciona como um ponto de referência, idealizado, que permite organizar os diferentes tipos de mães em uma categoria heterogênea composta por mães que se conformam a todos os modelos envolvidos no MCI, mas também por aquelas que atendem a apenas alguns desses modelos ("mãe adotiva", "mãe de aluguel" etc.). Dada essa constatação, é possível concluir que a noção de *modelo cognitivo idealizado* está intimamente relacionada à questão da categorização, discutida a seguir.

Categorização

O fenômeno de categorização constitui um dos pilares básicos da cognição humana, tendo papel fundamental na linguagem. Por exemplo, ao nomearmos um animal como "cachorro", fazemos referência a um conjunto de animais de um determinado tipo, e não a um animal específico. A categorização, portanto, envolve a apreensão de entidades individuais ou de experiências particulares como instâncias de algo concebido mais abstratamente.

O modelo clássico de categorização, que remonta a Aristóteles, define categorias em termos de traços necessários e suficientes, estabelecendo que todos os seus membros têm *status* igual. Entretanto, inúmeros problemas enfrentados pelo modelo clássico foram apontados na literatura. Em primeiro lugar, há categorias que não se adequam ao estabelecimento de traços necessários e suficientes, como é o caso de *GAME*/"JOGO". Wittgenstein (1953) ressaltou que não há um traço comum a todos os jogos. Por exemplo, o traço "competitividade" ocorre na maioria dos jogos, mas não no frescobol. Já o traço "atividade coletiva", bastante frequente nos jogos, não ocorre no jogo de cartas denominado "Paciência", que é individual. Além disso, há categorias em que determinados elementos são julgados melhores exemplares do que outros. Ao tratar do termo BACHELOR ("solteirão"), Fillmore (1982) argumenta que o conjunto de traços [+MASCULINO], [+ADULTO], [-CASADO] não é suficiente para caracterizar adequadamente o significado da expressão. Segundo o autor, o termo refere-se, prototipicamente, a indivíduos adultos do sexo masculino que ultrapassaram a idade apropriada para o casamento, segundo expectativas culturalmente compartilhadas. Entretanto, não se aplica a indivíduos adultos do sexo masculino que não estejam sujeitos às mesmas expectativas sobre o casamento, como é caso do papa.

Em função dos problemas observados, vários modelos psicológicos de categorização foram propostos na literatura. No âmbito da linguística cognitiva, o modelo efetivamente adotado foi a teoria dos protótipos, desenvolvida por Rosch e colaboradores (Rosch, 1973; Rosch e Mervis, 1975). O termo "categoria radial" é adotado, referindo-se ao fato de que alguns membros são julgados melhores exemplares e podem ser considerados mais centrais na categoria – os protótipos –, e outros membros são mais periféricos, embora ainda pertençam à categoria. Mais adiante, esse fenômeno será ilustrado, com base na análise de Lakoff (1987) sobre a organização radial das construções dêitica e existencial em inglês.

QUAIS SÃO AS GRANDES LINHAS DE INVESTIGAÇÃO?

Entre as principais linhas de investigação que compõem a linguística cognitiva, destacam-se a teoria da metáfora conceptual, a gramática de construções, a gramática cognitiva e a teoria dos espaços mentais. A seguir, enfocam-se, mais detalhadamente, a teoria da metáfora conceptual e a gramática de construções; ao mesmo tempo, as contribuições da teoria dos espaços mentais para a análise das metáforas são apontadas, bem como a inclusão da gramática cognitiva no âmbito da gramática de construções.

Teoria da metáfora conceptual

A teoria da metáfora conceptual (TMC) tem, como ponto de partida, o livro *Metaphors We Live by,* de Lakoff e Johnson (1980). Os autores defendem que, antes de constituírem "figuras de linguagem", como apontado tradicionalmente, as metáforas linguísticas refletem processos de pensamento. Sendo assim, ocorrem com grande frequência na linguagem cotidiana, e não apenas nos textos literários.

Os processos metafóricos baseiam-se, fundamentalmente, na noção de *mapping* ("mapeamento" ou "projeção"). O termo, tomado de empréstimo da matemática, indica a correspondência entre ideias relacionadas. Por exemplo, a metáfora VIDA É VIAGEM inclui correspondências entre destino da viagem e objetivo de vida, obstáculos à viagem e dificuldades de vida, e assim por diante.

A projeção sistemática entre elementos de dois domínios – o domínio-fonte, mais concreto, e o domínio-alvo, mais abstrato – envolve não apenas os elementos e as propriedades de um domínio, mas também as relações que envolvem esse domínio e as inferências que lhe são associadas. Por exemplo, a sentença "Ele chegou ao topo da carreira" refere-se metaforicamente a alguém como um profissional bem-sucedido, da mesma forma que a ideia de êxito está associada ao viajante que consegue chegar ao destino de sua viagem.

Por fim, vale destacar que a TMC foi refinada com base no desenvolvimento de um outro modelo teórico no âmbito da linguística cognitiva – a teoria dos espaços mentais (Fauconnier, 1994, 1997). Enfocando os aspectos cognitivos subjacentes à construção de novos significados, a teoria dos espaços mentais permitiu o desenvolvimento da noção de mesclagem conceptual (Fauconnier e Turner, 2002). Assim, a metáfora, inicialmente tratada como correspondência entre dois domínios, passa a ser representada em termos de quatro domínios – os dois domínios fonte e alvo iniciais, o espaço genérico e o espaço-mescla –, sendo que esse último é o responsável pela construção do significado metafórico propriamente dito. Como apontam Fauconnier e Turner (2002), a expressão "vírus de computador" relaciona "vírus", do domínio-fonte de "infectologia", a "programa destrutivo", do domínio-alvo de "informática", estabelecendo a fusão "programa/vírus", no espaço-mescla, e possibilitando a criação de conceitos relacionados, tais como "computador *infectado*", "programa *antivírus*" etc.

Além disso, a expressão "vírus de computador" constitui uma construção gramatical em que a forma (sintagma nominal) está intimamente associada ao significado, cognitivamente construído. O detalhamento do processo de pareamento forma-significado, por sua vez, é foco da linha de investigação denominada "gramática de construções", cujos principais aspectos serão descritos a seguir.

Gramática de construções

A gramática de construções reúne uma vasta literatura, com versões formalistas e funcionalistas. A versão desenvolvida por Fillmore e Kay (Fillmore e Kay, 1993) é a que mais se aproxima de teorias formalistas, como a *head-driven phrase structure grammar* (Pollard e Sag, 1993). Os modelos funcionalistas, por sua vez, permitem a acomodação de aspectos dinâmicos da linguagem, referentes ao uso linguístico (Bybee e Thompson, 1997).

Mais especificamente, os modelos funcionalistas vinculados à linguística cognitiva (Lakoff, 1987; Goldberg, 1995; Croft, 2001; Langacker, 1987, 1991) compartilham as seguintes noções básicas:

(i)   construções (pareamentos forma-significado), e não "regras", são os objetos primários de descrição;
(ii)   léxico e gramática não são distintos, mas um *continuum* de construções;
(iii) as construções são ligadas por redes de herança (ou categorização).

Lakoff (1987) desenvolve uma variante da gramática de construções no estudo clássico sobre a chamada *there-construction* em inglês, propondo uma análise baseada em prototipicidade e categoria radial. Na esteira da proposta de Lakoff, Adèle Goldberg enfoca construções de estrutura argumental (Goldberg, 1995), explorando os princípios de categorias baseadas em protótipos na análise das relações entre construções. Já a gramática de construções radical, desenvolvida por Croft (2001), busca analisar a variação tipológica no âmbito da abordagem construcionista, em uma proposta inovadora, referente às relações entre construções e suas partes.

70 A linguística hoje

Por fim, a gramática cognitiva proposta por Langacker (1987, 1991) também tem sido incluída no âmbito da gramática de construções, embora o termo *construção* seja raramente usado no modelo. O traço distintivo dessa vertente é a busca de definições semânticas e simbólicas para constructos teóricos normalmente analisados como puramente sintáticos (ex. classes de palavras, papéis gramaticais etc.). Dentro dessa perspectiva, a gramática é definida como um inventário de unidades linguísticas convencionais concebidas como unidades simbólicas compostas por propriedades formais (sintáticas, morfológicas e fonológicas) e funcionais (semânticas, pragmáticas e discursivas).

QUE ESTUDOS PODEM SER DESENVOLVIDOS COM A LINGUÍSTICA COGNITIVA?

Entre os estudos desenvolvidos com a linguística cognitiva, a análise de Lakoff (1987) sobre as construções com *there*, em inglês, constitui um caso emblemático, na medida em que articula as noções de construção gramatical, categoria radial e extensão metafórica.

Lakoff (1987: 540) analisa a polissemia das construções dêitica e existencial com *there*, descrevendo seus vários sentidos inter-relacionados a partir de sentidos centrais (prototípicos). Além disso, a análise estabelece uma relação entre a construção dêitica central (*There is Harry on the porch*, "Lá está Harry no portão") e a construção existencial central (*There is a book on the table*, "Há um livro na mesa"), defendendo que essa última é uma extensão metafórica da primeira. Nesse caso, a *existência é concebida como um local no espaço conceptual*. Assim, enquanto o *there* dêitico designa um local físico em presença do falante, o *there* existencial designa um espaço conceptual em si mesmo, que pode ou não coincidir com a existência física real.

Em claro movimento de expansão, a LC hoje desenvolve pesquisas voltadas para o aprofundamento de suas principais hipóteses, ao mesmo tempo em que reúne estudos que levam em conta as principais críticas que recebeu ao longo dos anos. Entre elas, destaca-se a observação de que as propostas referentes à conceptualização são, muitas vezes, circulares. Por exemplo, uma determinada metáfora conceptual costuma ser identificada com base em estruturas linguísticas que a refletem; mas, ao mesmo tempo, essas mesmas estruturas linguísticas são apresentadas como evidências da referida metáfora conceptual. Para lidar com essa circularidade, a área tem se dedicado ao estudo da multimodalidade. Várias pesquisas têm demonstrado que os gestos metafóricos podem fornecer representações da imagística associada ao domínio-fonte, apresentando evidência adicional da natureza cognitiva da metáfora (Cienki e Müller, 2008).

O QUE EU PODERIA LER PARA SABER MAIS?

Para uma abordagem introdutória aos conceitos básicos e modelos de gramática da linguística cognitiva, recomendam-se os livros *Cognitive Linguistics* (Croft e Cruse, 2004), *Cognitive Linguistics: a Complete Guide* (Evans, 2019), além das coletâneas *The Oxford Handbook of Cognitive Linguistics* (Geeraerts e Cuyckens, org., 2007) e *The Routledge Handbook of Cognitive Linguistics* (Wen e Taylor, org., 2021). Em português, os livros *Linguística cognitiva: uma visão geral e aplicada* (Abreu, 2010) e *Introdução à linguística cognitiva* (Ferrari, 2011) fornecem um panorama geral da área, apresentando os principais conceitos que a fundamentam. Além disso, há coletâneas, publicadas em Portugal e no Brasil, que discutem temas relevantes em linguística cognitiva. Entre as publicações portuguesas, destacam-se *Linguagem, cultura e cognição*: *estudos de linguística cognitiva* (Soares, Torres e Gonçalves, 2004) e *Linguagem, cognição, cultura: teorias, aplicações e diálogos com foco na língua portuguesa* (Batoréo, 2022). No Brasil, recomenda-se a coletânea *Linguagem, cognição e cultura: estudos em interface* (Cavalcante, Gabriel e Moura, 2021). Para investigações recentes que incluem a multimodalidade, há a coletânea *Metaphorical Conceptualizations: Intercultural Perspectives* (Schröeder, Oliveira e Tenuta, 2022) e o livro *Palavra, gesto e imagem sob a perspectiva da linguística cognitiva* (Ferrari, 2021).

Nota

[1] Charles Fillmore teve papel pioneiro na caracterização do significado como conceptualização, ao propor a semântica de *frames*. Embora ele próprio não se considerasse um integrante da linguística cognitiva, o *frame* constitui um dos conceitos centrais na área.

Referências

ABREU, A. S. *Linguística cognitiva*: uma visão geral e aplicada. Campinas: Ateliê Editorial, 2010.

BATORÉO, H. (org.) *Linguagem, cognição, cultura*: teorias, aplicações e diálogos com foco na língua portuguesa (português europeu e português do Brasil), Lisboa: Universidade Aberta, 2022.

BYBEE, J.; THOMPSON, S. Three frequency effects in syntax. *Proceedings of the Pragmatics and Grammatical Structure. BLS*. v. 23, 1997, pp. 378-388.

CAVALCANTE, S., GABRIEL, R.; MOURA, H. (org.) *Linguagem, cognição e cultura*: estudos em interface. Campinas: Mercado de Letras, 2021.

CHOMSKY, N. *Aspects of the theory of syntax*. Cambridge, MA: MIT Press, 1965.

CIENKI, A.; MÜLLER, C. (ed.) *Metaphor and gesture*. Amsterdam: Benjamins, 2008.

CROFT, W. *Radical Construction Grammar:* syntactic theory in typological perspective. Oxford: Oxford University Press, 2001.

CROFT, W; CRUSE, H. *Cognitive Linguistics*. Cambridge: Cambridge University Press, 2004.

EVANS, V. *Cognitive Linguistics:* a complete guide. Edinburgh: Edinburgh University Press, 2019.

FAUCONNIER, G. *Mental spaces:* aspects of meaning construction in natural language. Cambridge: Cambridge University Press, 1994.

FAUCONNIER, G. *Mappings in thought and language*. Cambridge: Cambridge University Press, 1997.

FAUCONNIER, G.; TURNER, M. *The way we think:* the mind's hidden complexities. Cambridge: Cambridge University Press. 2002.

FERRARI, L. *Introdução à linguística cognitiva*. São Paulo: Contexto, 2011.

FERRARI, L. (org.). *Palavra, gesto e imagem sob a perspectiva da linguística cognitiva*. São Paulo: Drops Editora, 2021.

FILLMORE, C. An alternative to checklist theories of meaning. *Proceedings of the Berkeley Linguistic Society*, Berkeley: Berkeley Linguistics Society, 1975, pp. 123-31.

FILLMORE, C. Scenes-and-frame semantics. In: ZAMPOLLI, A. (ed.). *Linguistic structures processing*, Amsterdam: North Holland, 1977, pp. 55-81.

FILLMORE, C. Frame semantics. In: *Linguistic Society of Korea* (ed.). *Linguistics in the morning calm*. Seoul: Hanshin Publishing, 1982, pp. 111-137.

FILLMORE, C. Frames and the semantics of understanding, *Quaderni di Semantica*. v. 6, 1985, pp. 222-54.

FILLMORE, C.; KAY, P. *Construction grammar coursebook*. Berkeley: University of California, Berkeley, 1993.

GEERAERTS, D.; CUYKENS, H. (eds.) *The Oxford handbook of cognitive linguistics*. Oxford: Oxford University Press, 2007.

GOLDBERG, A. *Constructions:* a construction grammar approach to argument structure. Chicago: University of Chicago Press, 1995.

LAKOFF, G. *Women, fire and dangerous things:* what categories reveal about the mind. Chicago: University of Chicago Press,1987.

LAKOFF, G.; JOHNSON, M. *Metaphors we live by*. Chicago: Chicago University Press, 1980.

LANGACKER, L. *Foundations of cognitive grammar.* Volume 1 – Theoretical prerequisites. Stanford, CA: Stanford University Press, 1987a.

LANGACKER, L. *Foundations of cognitive grammar*. Volume 2 – Descriptive applications. Stanford, CA: Stanford University Press, 1987b.

POLLARD, C.; SAG, I. A. *Head-driven phrase structure grammar*. University of Chicago Press and CSLI Publications, USA, 1993.

ROSCH, E. On the internal structure of perceptual and semantic categories. In: MOORE, T. (ed.), *Cognitive development and the acquisition of language.* New York: Academic Press, 1973, pp. 111-44.

ROSCH, E.; MERVIS, C. Family resemblances: studies in the internal structure of categories. *Cognitive Psychology*. v. 7, 1975, pp. 573-605.

SCHRÖEDER, U.; OLIVEIRA, M.M; TENUTA, A. (eds.) *Metaphorical conceptualizations:* intercultural perspectives. Berlin, New York & Amsterdam: De Gruyter Mouton, 2022.

SOARES, A., TORRES, A. GONÇALVES, M. (org.) *Linguagem, cultura e cognição:* estudos de linguística cognitiva. Coimbra: Almedina, 2004.

WEN, X; TAYLOR, J. (eds.) *The Routledge handbook of cognitive linguistics*. London/ New York: Routledge, 2021

WITTGENSTEIN, L. *Philosophical investigations*. Trans. G. E. Anscombe. Oxford: Basic Blackwell, 1953.

Linguística computacional

Leonel Figueiredo de Alencar

O QUE É A LINGUÍSTICA COMPUTACIONAL?

A linguística computacional (LC) abarca quatro vertentes, de cunho teórico ou aplicado, na confluência da linguística e da ciência da computação (Guinovart, 2000; Amtrup, 2010; Lobin, 2010):

(i)   informática aplicada à pesquisa linguística;
(ii) implementação de teorias linguísticas;
(iii) aplicações linguísticas da informática;
(iv) simulação de processos cognitivos.

Impera grande disparidade terminológica. Enquanto Bird, Klein e Loper (2009) equiparam a LC e o processamento de linguagem natural (PLN), Jurafsky e Martin (2009) os abriga em áreas distintas, a linguística e a ciência da computação. Ainda outros, como Othero e Menuzzi (2005: 15), subordinam o PLN e a linguística de *corpus* à LC.

Para Church e Liberman (2021), trata-se de campo interdisciplinar que, em algumas fases de sua história, vinculou-se mais estreitamente à linguística, mas, atualmente, se aproxima mais da aprendizagem de máquina, a julgar pela temática dos 20 mais importantes periódicos e conferências em engenharia e ciência da computação, segundo o Google Acadêmico.

Essa classificação, porém, não contempla a subcategoria PLN. Desse modo, a predominância atual da aprendizagem de máquina não torna supérflua, a nosso ver, a concepção (ii). De fato, Church e Liberman (2021) consideram os sistemas de ponta a ponta baseados em redes profundas, o estado da arte em aprendizagem de máquina no campo do PLN, uma espécie de alquimia teoricamente opaca que inibe a curiosidade e serve de "desculpa preguiçosa" para a ignorância sobre tópicos como linguística.

74   A linguística hoje

A fundação da LC enquanto disciplina aplicada remonta aos primeiros experimentos de tradução automática no início dos anos de 1950 (Hirst, 2013). O leque de aplicações expandiria nas décadas seguintes, incluindo, por exemplo, nos anos de 1960, a verificação e correção ortográficas e a interação humano-computador por meio de sistemas de diálogo (Alencar, 2022).

Hoje, tecnologias da linguagem natural como reconhecimento de voz e agentes conversacionais, além da tradução automática, tornaram-se corriqueiras. Sistemas de recuperação de informações, como Google e Bing, de extração de informações ou mineração de dados, ou de perguntas e respostas, como Watson da IBM, constituem um mercado bilionário.

Marcos históricos da vertente (ii) são Ajdukiewicz (1936) e Chomsky (1957), fundacionais, respectivamente, da gramática categorial e da gramática gerativa. O primeiro propõe um cálculo para computar o significado de sentenças por meio da aplicação de funções, levando em conta a maneira como as palavras se conectam sintaticamente. O segundo investiga a capacidade de diferentes dispositivos matemáticos em gerar as sentenças de uma língua natural. A *head-phrase structure grammar* (HPSG) constitui exemplo de teoria gramatical computacionalmente implementada tributária desses dois arcabouços.

Church e Liberman (2021) esquematizam a história da LC como um ciclo alternando períodos de empiricismo e racionalismo. Esta última tendência, na esteira de Chomsky, vale-se de métodos simbólicos baseados na lógica, que predominaram até o fim dos anos de 1980. A década seguinte assistiu a uma revivescência do empiricismo. Métodos estatísticos aplicados a grandes volumes de dados passaram a apresentar resultados cada vez mais robustos, notadamente na tradução automática.

A partir de 2010, o empiricismo assumiu a forma das chamadas redes profundas, que têm continuamente superado *benchmarks* nos mais variados domínios. O conceito central dessa abordagem são as chamadas incorporações (*embeddings*), técnica de aprendizagem de máquina que representa constituintes do texto como vetores, com base nos quais são calculadas, por exemplo, relações semânticas.

O QUE A LINGUÍSTICA COMPUTACIONAL ESTUDA?

Nesta seção, limitamo-nos à vertente (ii), que Guinovart (2000) denomina linguística computacional *stricto sensu*, coincidindo amplamente com a área de engenharia da gramática. As outras concepções correspondem a disciplinas como linguística de *corpus* ou PLN.

A teoria linguística objetiva investigar a natureza da linguagem humana e quais as propriedades de um organismo ou máquina capazes de aprendê-la e usá-la (Langendoen, 1999). A LC *stricto sensu* foca espectro análogo de questões. Abstrai, porém, dos processos da produção e percepção da linguagem, objeto da concepção (iv). Em vez disso, detém-se na modelação, em algum formalismo declarativo, como HPSG, dos diferentes subsistemas de conhecimento linguístico utilizados por esses processos, do nível fonético-fonológico ao semântico, passando pelos níveis lexical e morfológico. A partir desses modelos, são construídos automaticamente os algoritmos procedurais de análise ou de geração de linguagem natural.

Na última década, diferentes projetos têm retomado a questão da gramática universal, trazida à baila inicialmente por Chomsky (Müller, 2015). Um exemplo é o sistema *grammar matrix*, que, no quadro da HPSG, propõe uma gramática abstrata da qual se derivam automaticamente as gramáticas computacionais de línguas particulares por meio da especificação de determinados parâmetros, como ordem de sujeito, verbo e objeto, sistema casual etc. (Bender et al., 2010; Zamaraeva et al., 2022).

A diferença em relação às abordagens linguísticas não computacionais é a completa formalização dos modelos, permitindo uma computação mecânica das representações e regras postuladas em cada um dos níveis. A formalização constitui não apenas um método de representação de uma teoria de um dado fenômeno, mas também um método de descoberta e de validação (Schwarze, 2001; Bender, 2008; Bender e Emerson, 2021). De fato, a total explicitude matemática favorece a revelação de aspectos de um fenômeno que normalmente passariam despercebidos numa abordagem menos explícita. Por outro lado, a possibilidade de implementar o modelo no computador permite testar automaticamente a sua consistência interna e validade empírica em um grande número de exemplos sem interferência de fatores subjetivos como problemas de interpretação, desatenção etc. Esses fatores tendem a comprometer a adequação de um modelo proporcionalmente ao seu grau de complexidade, sobretudo quando há interação entre diversos níveis de representação, que podem tornar a sua validação manual algo impraticável (Karttunen, 2006).

QUAIS SÃO AS GRANDES LINHAS DE INVESTIGAÇÃO?

Church e Liberman (2021) destacam duas tendências especialmente promissoras para jovens pesquisadores. A segunda envolve as incorporações contextuais (*contextual embeddings*) de modelos como BERT (Devlin et al., 2018), capazes de capturar "diferentes aspectos linguísticos do contexto". A primeira é a teoria das dependências universais (doravante UD), a que, pela sua natureza linguística, recorremos nesta seção e na seguinte. A UD visa "oferecer uma representação linguística que seja útil para a pesquisa morfossintática, a interpretação semântica e o processamento prático de linguagem natural em diferentes idiomas" (Marneffe et al., 2021: 256). O termo UD designa também a coleção correspondente de *corpora* sintaticamente anotados (*treebanks*).

(1)
Yautí   ugananintu   uyana,   usú
jabuti   3.ACT:fingir=somente   3.ACT:correr   3.ACT:ir

uyenú   yepé   mirá   rupitá   ruakí.
3.ACT:deitar   ART.INDF   árvore   CONT:tronco   CONT:perto_de[1]

'O jabuti só fingiu que corria e foi se deitar perto de um tronco de árvore.'

Figura 1 – Árvore dependencial da tradução do exemplo (1)[2], extraído de Ávila (2021)

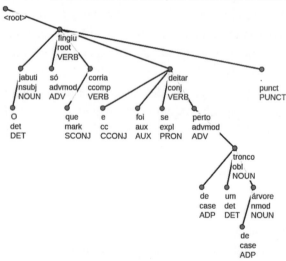

A UD propõe uma análise em formato de árvore com nós ligados por relações de dependência, como *nsubj* (sujeito), *ccomp* (complemento oracional), *advmod* (modificador adverbial), *case* (caso) e *aux* (auxiliar) (Figura 1). Os nós representam *palavras sintáticas*, classificadas em dois tipos: palavras de conteúdo, como substantivos, verbos e advérbios, que expressam predicados, argumentos ou modificadores, e palavras funcionais, como determinantes, preposições e conjunções, que codificam propriedades morfossintáticas, como caso, modo, aspecto etc. A análise da UD, contudo, não se resume às informações da Figura 1. A anotação completa adota o formato CONLL-U, que organiza os diferentes tipos de informação sobre cada uma das palavras de uma sentença numa tabela de 10 colunas (Figura 2).

Figura 2 – Análise da tradução do exemplo (1)

```
1 # generator = UDPipe 2, https://lindat.mff.cuni.cz/services/udpipe
2 # udpipe_model = portuguese-bosque-ud-2.10-220711
3 # udpipe_model_licence = CC BY-NC-SA
4 # newdoc
5 # newpar
6 # sent_id = 1
7 # text = O jabuti só fingiu que corria e foi se deitar perto de um tronco de árvore.
 8 1    O       o       DET     _    Definite=Def|Gender=Masc|Number=Sing|PronType=Art    2    det    _
 9 2    jabuti  jabuti  NOUN    _    Gender=Masc|Number=Sing         4    nsubj    _      TokenRange=2:8
10 3    só      só      ADV     _    _                  4    advmod   _      TokenRange=9:11
11 4    fingiu  fingir  VERB    _    Mood=Ind|Number=Sing|Person=3|Tense=Past|VerbForm=Fin    0    root
12 5    que     que     SCONJ   _                       6    mark     _      TokenRange=19:22
13 6    corria  correr  VERB    _    Mood=Ind|Number=Sing|Person=3|Tense=Imp|VerbForm=Fin    4    ccomp
14 7    e       e       CCONJ   _                       10   cc       _      TokenRange=30:31
15 8    foi     ir      AUX     _    Mood=Ind|Number=Sing|Person=3|Tense=Past|VerbForm=Fin   10   aux
16 9    se      se      PRON    _    Case=Acc|Gender=Masc|Number=Sing|Person=3|PronType=Prs  10   expl
17 10   deitar  deitar  VERB    _    VerbForm=Inf       4    conj     _      TokenRange=39:45
18 11   perto   perto   ADV     _                       10   advmod   _      TokenRange=46:51
19 12   de      de      ADP     _                       14   case     _      TokenRange=52:54
20 13   um      um      DET     _    Definite=Ind|Gender=Masc|Number=Sing|PronType=Art    14    det    _
21 14   tronco  tronco  NOUN    _    Gender=Masc|Number=Sing         11   obl      _      TokenRange=58:64
22 15   de      de      ADP     _                       16   case     _      TokenRange=65:67
23 16   árvore  árvore  NOUN    _    Gender=Fem|Number=Sing  14      nmod     _      SpaceAfter=No|TokenRange=68:74
24 17   .       .       PUNCT   _                       4    punct    _      SpaceAfter=No|TokenRange=74:75
```

A UD é uma teoria gramatical construída de forma progressiva, em grande parte, coletivamente, a partir de *corpora* sintaticamente anotados (*treebanks*) de um conjunto cada vez maior de línguas das mais variadas famílias, de todos os continentes. Enquanto a versão 1.0, lançada em 2015, consistia de apenas 10 *treebanks*, totalizando 10 línguas, a versão 2.11, de 15/11/2022, abrange 243 *treebanks* e 138 línguas. O modelo tem passado por sucessivas revisões, de modo a abarcar um leque cada vez maior de fenômenos, à medida que *treebanks* de novas línguas são incluídos.

A coleção da UD é distribuída pelo GitHub, plataforma de distribuição de código aberto que oferece diversas funcionalidades, como o controle distribuído de versões, para facilitar a colaboração entre um grande número de desenvolvedores não só de *software*, mas também de recursos linguísticos como *corpora*, gramáticas, léxicos etc. Tipicamente, as alterações na teoria de UD são propostas por contribuidores dos diferentes *treebanks* e extensivamente discutidas na plataforma usando a funcionalidade das *issues*. Outra vantagem da UD é o rico ecossistema de ferramentas auxiliares, voltadas à anotação, visualização e exploração de *treebanks*, treinamento de analisadores sintáticos estatísticos etc.

A construção de um *treebank* conforme o modelo UD para uma língua ainda não contemplada na coleção e desprovida de qualquer ferramenta de processamento permite exemplificar os eixos mais basilares da pesquisa em linguística computacional. Essa tarefa se subdivide nas seguintes questões:

a. Existem na língua *tokens* de mais de uma palavra sintática e palavras sintáticas realizadas por mais de um *token*?
b. Que classes de palavras a língua possui?
c. Que traços morfossintáticos as diferentes classes de palavras instanciam?
d. Que relações de dependência ocorrem na língua?

É inviável a construção de um *treebank* minimamente representativo de forma totalmente manual. Em vez disso, ferramentas para automatizar a identificação de *tokens* e palavras e a análise morfossintática e dependencial podem ser implementadas por meio da modelagem computacional do conhecimento linguístico. Exploramos isso a seguir.

QUE ESTUDOS PODEM SER DESENVOLVIDOS COM A LINGUÍSTICA COMPUTACIONAL?

Nesta seção, exemplificamos diferentes tópicos de pesquisa relacionados às perguntas de (a)–(d), partindo de nossa experiência na construção do UD_Nheengatu-CompLin, o primeiro treebank no formato UD para o nheengatu (Alencar, 2022, em elaboração).

O desenvolvimento de recursos e ferramentas para o processamento computacional de línguas indígenas brasileiras tem sido uma oportunidade de pesquisa amplamente ignorada, com raras exceções recentes, como os *treebanks* da coleção UD (Facundes, Freitas e Lima-Padovani, 2021; Rodríguez et al., 2022). Galves et al. (2017) e Alexandre, Gurgel e Alencar (2021) abordam a etiquetagem morfossintática do kadiwéu e do nheengatu, respectivamente. Alencar (2021) trata de um fragmento de gramática computacional do nheengatu, integrado a um protótipo de tradução automática de e para português e inglês. Gerardi, Reichert e Aragon (2021) propõem uma base de dados lexical para as línguas da família tupi.

Essas iniciativas representam um despertar para o fato de que dificilmente uma língua indígena brasileira sobreviverá sem inserção no mundo digital. Por outro lado, a formalização das estruturas gramaticais e lexicais de uma língua é algo diretamente relevante para uma melhor compreensão de seu

Linguística computacional 79

funcionamento e, desse modo, para a sua (re)vitalização, ou para a realização de estudos comparativos de viés tipológico ou histórico.

Como gerar as análises da Figura 3 e Figura 4, dado o exemplo (1), extraído de Avila (2021)?

Figura 3 – Análise de (1) no UD_Nheengatu-CompLin

```
 1 # sent_id = Avila2021:21:1:200
 2 # text = Yautí uganamintu uyana, usú uyenú yepé mirá rupitá ruakí.
 3 # text_eng = The tortoise only pretended to run and lay down near a tree trunk.
 4 # text_por = O jabuti só fingiu que corria e foi se deitar perto de um tronco de árvore.
 5 # text_source = Muniz, 84, adap.
 6 # text_annotator = LFdeA
 7 1      Yautí    yautí    NOUN    N       Number=Sing            2    nsubj       _    TokenRange=0:5
 8 2-3    uganamintu    _    _    _    _                           _    _           _    TokenRange=6:17
 9 2      uganani  ganani   VERB    V       Person=3|VerbForm=Fin  0    root        _    _
10 3      ntu      ntu      ADV     ADV     Clitic=Yes             2    advmod      _    _
11 4      uyana    yana     VERB    V       Person=3|VerbForm=Fin  2    xcomp       _    SpaceAfte
12 5      ,        ,        PUNCT   PUNCT   _                      7    punct       _    TokenRange=24:25
13 6      usú      sú       AUX     AUXFR   Person=3|VerbForm=Fin  7    aux         _    TokenRanç
14 7      uyenú    yenú     VERB    V       Person=3|VerbForm=Fin  4    parataxis   _    T
15 8      yepé     yepé     DET     ART     Definite=Ind|PronType=Art  9   det      _    T
16 9      mirá     mirá     NOUN    N       Number=Sing            10   nmod:poss   _    TokenRanç
17 10     rupitá   supitá   NOUN    N       Number=Sing|Rel=Cont   7    obl         _    TokenRanç
18 11     ruakí    ruakí    ADP     ADP     Rel=Cont               10   case        _    SpaceAfter=No|Tol
19 12     .        .        PUNCT   PUNCT   _                      2    punct       _    SpaceAfter=No|TokenRange
20
```

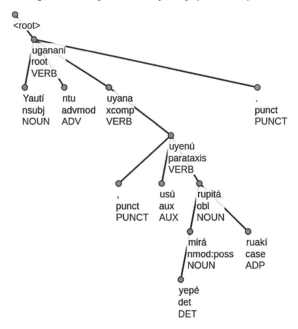

Figura 4 – Representação arbórea da análise da Figura 1[3]

Yautí uganani ntu uyana , usú uyenú yepé mirá rupitá ruakí.

80 A linguística hoje

Trata-se de tarefa complexa decomponível em uma série de etapas, que exemplificamos por meio de módulos em Python. A primeira é a segmentação da sentença em palavras sintáticas. Uma abordagem inicial é simplesmente separar os sinais de pontuação. A Figura 5 exemplifica esse procedimento por meio da função *tokenize* do módulo *Nheengatagger*, implementado em Python. Essa função recebe uma cadeia de caracteres e retorna uma lista de *tokens*.

Figura 5 – Segmentação inicial de (1)

```
IDLE Shell 3.8.10                                              _  □  ⊗

File  Edit  Shell  Debug  Options  Window  Help
Python 3.8.10 (default, May 26 2023, 14:05:08)
[GCC 9.4.0] on linux
Type "help", "copyright", "credits" or "license()" for more information.
>>> import Nheengatagger
>>> s='Yautí ugananintu uyana, usú uyenú yepé mirá rupitá ruakí.'
>>> tokens=Nheengatagger.tokenize(s)
>>> for token in tokens:
        print(token, end=' ')

Yautí ugananintu uyana , usú uyenú yepé mirá rupitá ruakí .
>>> |
```

A segmentação da Figura 5, contudo, é insuficiente, uma vez que, em *ugananintu*, temos duas palavras sintáticas: a forma verbal *uganani* e o advérbio enclítico *ntu*. Para tanto, implementamos uma segunda função, nomeada *SplitMultiWordTokens*, que separa advérbios enclíticos, verbos auxiliares não flexionados pospostos, como *putari* 'querer', e os alomorfes sufixais da posposição locativa *upé* 'em', como *-pe* (Figura 6). No caso de *ugananintu*, a função prefixa com "_" o componente desmembrado, permitindo que as etapas posteriores de processamento reconstruam a expressão composta e codifiquem a natureza clítica do advérbio na sua estrutura de traços (Figura 3).

Figura 6 – Separação de *tokens* com mais de uma palavra sintática

```
>>> import AnnotateConllu
>>> s='Yautí ugananintu uyana, usú uyenú yepé mirá rupitá ruakí.'
>>> tokens=Nheengatagger.tokenize(s)
>>> tokens=AnnotateConllu.splitMultiWordTokens(tokens)
>>> for token in tokens:
        print(token, end=' ')


Yautí uganani _ntu uyana , usú uyenú yepé mirá rupitá ruakí .
>>> s='Apurakí-putari kupixá-pe.' # Quero trabalhar na roça.
>>> tokens=Nheengatagger.tokenize(s)
>>> tokens=AnnotateConllu.splitMultiWordTokens(tokens)
>>> for token in tokens:
        print(token, end=' ')


Apurakí -putari kupixá- -pe .
```

A etapa seguinte de processamento é a análise morfológica, executada pela função *parseWord* (Figura 7), que, dada uma palavra como *uganani*, retorna o lema *ganani*, a categoria lexical *V* e o traço de 3ª pessoa.

Figura 7 – Análise morfológica

```
>>> Nheengatagger.parseWord('uganani')
uganani ganani+V+3
>>> Nheengatagger.parseWord('aganani')
aganani ganani+V+1+SG
>>> Nheengatagger.parseWord('reganani')
reganani        ganani+V+2+SG
>>> Nheengatagger.parseWord('yaganani')
yaganani        ganani+V+1+PL
>>> Nheengatagger.parseWord('peganani')
peganani        ganani+V+2+PL
>>> Nheengatagger.parseWord('yepé')
yepé    yepé+ART
yepé    yepé+CARD
yepé    yepé+FRUST
yepé    yepé+SCONJ
```

Um número expressivo de línguas indígenas brasileiras conta com dicionários ou glossários e descrições gramaticais que podem ser utilizados como ponto de partida para a construção de um analisador morfológico, como Navarro (2016) (Figura 8) e Avila (2021) (Figura 9).

82 A linguística hoje

Figura 8 – Verbetes de Navarro (2016: 103)

G

ganani (v.) - enganar
gantĩ (s.) - proa
garapá (s.) - porto

I

-**i** - suf. de diminutivo: -inho(-a)
-**ĩ** (ou -i)- suf. de diminutivo: -inho(a)
i (pron. 2ª classe) - 1. ele (a); 2. seu, sua,
    dele(-a)
igara (s.) - canoa
igarapé (s.) - igarapé, canal fluvial da bacia
    amazônica
igarité (s.) - barco; embarcação de maior
    tamanho
ií (s.) - água

Figura 9 – Verbetes de Avila (2021: 308)

G g

gagaluna *(s.)* vaga-lume, pirilampo, nome comum aos insetos que emitem luz fosforescente {*o mesmo que:* **wamuá**; *v. tb.:* **kuisí** 1} • (do português vaga-lume ou caga-lume)

gambá [hist.] *(s.)* gambá, instrumento de percursão feito de tronco de árvore oco, de cerca de um metro de comprimento, com uma das bocas fechada por um pedaço de couro estirado (Tastevin, 620) ■ Reg. hist.: [Tastevin [gamba], 620] • (do português gambá)

ganani 1) *(v. tr.)* enganar, ludibriar, iludir: *Buya uganani ixé, aú ana. (Aguiar, 83, modif.)* - A serpente enganou-me, e eu comi [a maçã].; — *Eré, se ruayara. Ayuri ne piri karuka ramé. — Asarú indé, te reganani ixé, apuú kiinha yané pusanga arama, [...]. (Rodrigues, 174, adap.)* - — Está bem, meu cunhado. Eu venho ter contigo de tarde. — Eu te espero, não me enganes, eu colho pimenta para nosso remédio, [...]. {*o mesmo que:* muyawí 2}
    2) *(v. tr.)* fingir, simular (que faz algo) [geralmente com o sufixo -ntu]: *Yautí ugan>nintu uyana, usú uyenú yepé mirá rupitá ruakí. Suasú uyana. (Muniz, 84, adap.)* - O jabuti só fingiu que corria e foi se deitar perto de um tronco de árvore. O veado

A partir de um arquivo PDF nativo como Navarro (2016), podemos decompor a construção de um analisador morfológico nas seguintes etapas: (a) extração do texto puro; (b) conversão para uma estrutura de dados (Figura 10); (c) geração das formas flexionadas, por exemplo, *aganani* 'finjo', *reganani* 'finges' etc. a partir do lema *ganani* (Figura 7).

Figura 10 – Conversão de verbetes para o formato JSON

```
{
    "lemma": "eré",
    "pos": "part. cons.",
    "gloss": "certo! de acordo!"
},
{
    "lemma": "ganani",
    "pos": "v.",
    "gloss": "enganar"
},
{
    "lemma": "gantĩ",
    "pos": "s.",
    "gloss": "proa"
},
```

A próxima etapa consiste em selecionar, para cada palavra com mais de uma etiqueta morfossintática, como *yepé* (Figura 7), que classe de palavra é instanciada em cada contexto. Essa é a tarefa de um etiquetador morfossintático, que precisa determinar, por exemplo, que *yepé* em (1) é um artigo indefinido (ART), ao passo que, em (2), constitui a partícula de aspecto frustrativo (FRUST).

(2) Apurakí-putari yepé, ixé se maraari. (Magalhães, 96, adap., *apud* Avila, 2021)
'Eu queria trabalhar, porém estou cansado'

Algoritmos de aprendizagem de máquina aplicados em um grande volume de textos previamente anotados alcançam, para línguas como o inglês, cerca de 97% de acurácia (Jurafsky e Martin, 2009). Como o nheengatu não dispõe desses dados, a estratégia mais indicada para se construir um etiquetador é por meio da implementação manual de regras de desambiguação, levando em conta os contextos precedentes e/ou subsequentes da palavra. Por exemplo, abstraindo das outras possibilidades, *yepé* é um artigo indefinido imediatamente antes de substantivo, como no exemplo (1), do contrário, como em (2), é partícula de frustrativo. Um etiquetador inicial baseado em regras facilita a construção de um *corpus* de treino de um etiquetador estatístico, uma vez que diminui o esforço de digitação de etiquetas e assegura coerência na classificação das palavras. Na Figura 11, exemplificamos a função *disambiguate* do módulo *RemoveAmbiguities*. Aplicada sobre as listas de *tokens* de (1) e (2), essa função corretamente classifica *yepé* nos dois exemplos como artigo e partícula de frustrativo, respectivamente.

84 A linguística hoje

Figura 11 – Desambiguação de *yepé* nos exemplos (1) e (2)

```
>>> s='Yautí uganinintu uyana, usú uyenú yepé mirá rupitá ruakí.'
>>> tokens=Nheengatagger.tokenize(s)
>>> tokens=AnnotateConllu.splitMultiWordTokens(tokens)
>>> from RemoveAmbiguities import disambiguate
>>> tokens=[token.replace('_','') for token in tokens]
>>> disambiguate(' '.join(tokens))
[('Yautí', 'N'), ('uganani', 'V'), ('ntu', 'CLADV'), ('uyana', 'V'), (',', 'PUNC
T'), ('usú', 'V'), ('uyenú', 'V'), ('yepé', 'ART'), ('mirá', 'N'), ('rupitá', 'N
'), ('ruakí', 'ADP'), ('.', 'PUNCT')]
>>> s='Apurakí-putari yepé, ixé se maraari'
>>> tokens=Nheengatagger.tokenize(s)
>>> tokens=AnnotateConllu.splitMultiWordTokens(tokens)
>>> tokens=[token.replace('-','') for token in tokens]
>>> disambiguate(' '.join(tokens))
[('Apurakí', 'V'), ('putari', 'V'), ('yepé', 'FRUST'), (',', 'PUNCT'), ('ixé', '
PRON'), ('se', 'PRON2'), ('maraari', 'A+V2')]
```

A última etapa da cadeia de processamento para construir a representação da Figura 3 é a análise sintática. Essa tarefa pode ser em grande parte automatizada explorando as regularidades da língua. Por exemplo, geralmente um substantivo precedendo um verbo realiza o seu sujeito, ao passo que, seguindo-o, constitui seu objeto. Para tanto, implementamos a função *parseExample*, que projeta para o formato da UD os resultados da análise morfológica de uma sentença, determinando qual a relação de dependência e qual o núcleo de cada palavra (Figura 12 e Figura 13).

Figura 12 – Análise sintática automática de um exemplo extraído de Avila (2021)

```
>>> s='''Nhaä kurumiwasú-itá, umupinima riré/sconj itá, usú kaá kití. (Amorim, 365, adap.) - Aqueles
moços, depois de pintarem a pedra, foram para a mata.'''
>>> AnnotateConllu.parseExample(s,'Avila2021',0,0,416)
# sent_id = Avila2021:0:0:416
# text = Nhaä kurumiwasú-itá, umupinima riré itá, usú kaá kití.
# text_eng = Those young men, after painting the stone, went into the woods.
# text_por = Aqueles moços, depois de pintarem a pedra, foram para a mata.
# text_source = Amorim, 365, adap.
# text_annotator = LFdeA
1       Nhaä    nhaä    DET     DEMS    Deixis=Remt|Number=Sing|PronType=Dem     2       det     _
TokenRange=0:4
2       kurumiwasú-itá kurumiwasú       NOUN    N       Number=Plur     4       nsubj   _       SpaceA
fter=No|TokenRange=5:19
3       ,       ,       PUNCT   PUNCT   _       4       punct   _       TokenRange=19:20
4       umupinima       mupinima        VERB    V       Person=3|VerbForm=Fin   8       advcl   _
TokenRange=21:30
5       riré    riré    SCONJ   SCONJ   _       4       mark    _       TokenRange=31:35
6       itá     itá     NOUN    N       Number=Sing     4       obj     _       SpaceAfter=No|TokenRan
ge=36:39
7       ,       ,       PUNCT   PUNCT   _       8       punct   _       TokenRange=39:40
8       usú     sú      VERB    V       Person=3|VerbForm=Fin   0       root    _       TokenRange=41:
44
9       kaá     kaá     NOUN    N       Number=Sing     8       obl     _       TokenRange=45:48
10      kití    kití    ADP     ADP     _       9       case    _       SpaceAfter=No|TokenRange=49:53
11      .       .       PUNCT   PUNCT   _       8       punct   _       SpaceAfter=No|TokenRange=53:54
```

A função admite a desambiguação de palavras ambíguas, como *riré* 'depois de', que funciona tanto como posposição (ADP) quanto conjunção subordinativa (SCONJ), apondo à palavra a etiqueta correspondente, como no primeiro comando da Figura 12. Também acessa o *Google Translator* para traduzir para o inglês a tradução em português do exemplo.

Figura 13 – Representação arbórea da análise da Figura 12
Nhaã kurumiwasú-itá , umupinima riré itá , usú kaá kití.

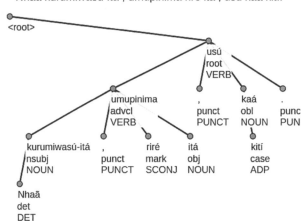

Uma abordagem alternativa para o problema da análise sintática é implementar uma gramática computacional (utilizando, por exemplo, o sistema grammar matrix), que permite um tratamento sistemático tanto da sintaxe quanto da semântica. No entanto, isso implica um investimento de maior fôlego que apenas começa a se pagar no longo prazo. Por meio de programas *ad hoc* relativamente simples como os exemplificados acima, podemos, em poucos meses, anotar algumas centenas de sentenças no formato UD, um avanço importante para uma língua desprovida de qualquer *treebank*.

O QUE EU PODERIA LER PARA SABER MAIS?

Bird, Klein e Loper (2009) visam a um público-alvo sem conhecimentos prévios de programação ou de linguística. Introduzem de forma prática, por meio de Python e da biblioteca NLTK, um amplo leque de temas, que Jurafsky e Martin (2009), Indurkhya e Damerau (2010) e Clark, Fox e Lappin (2010) aprofundam.

Ferreira e Lopes (2019) e Freitas (2022) focam, respectivamente, a aprendizagem de máquina e a anotação de *corpora* linguísticos. Mello e Farinelli (2022) reúnem 12 artigos sobre o tratamento computacional do português representativos da heterogeneidade da área.

Notas

[1] CONT = morfema relacional de contiguidade, ACT = prefixo número-pessoal da série ativa.
[2] Gráfico gerado pelo visualizador de https://universaldependencies.org/conllu_viewer.html.
[3] Gráfico gerado pelo visualizador de https://urd2.let.rug.nl/~kleiweg/conllu/.

Referências

AJDUKIEWICZ, K. Syntactic connexion. In: GIEDYMIN, J. (org.). *The Scientific World-Perspective and Other Essays, 1931-1963*. Dordrecht: D. Reidel, 1978, pp. 118-139.

ALENCAR, L. F. Uma gramática computacional de um fragmento do nheengatu. *Revista de Estudos da Linguagem*. Belo Horizonte, v. 29, 2021, pp. 1717-1777.

ALENCAR, L. F. Qual é a relação entre o computador e a linguagem? In: OTHERO, G. A.; FLORES, V. do N. (orgs.). *O que sabemos sobre a linguagem*: 51 perguntas e respostas sobre a linguagem humana. São Paulo: Parábola, 2022, pp. 155-162.

ALENCAR, L. F. A collection of tools and resources for the computational processing of Nheengatu. 2022. Em elaboração.

ALEXANDRE, D. M.; GURGEL, J. L.; ALENCAR, L. F. Nheentiquetador: um etiquetador morfossintático para o sintagma nominal do nheengatu. *Revista Encontros Universitários da UFC*, v. 6, 2021, pp. 1-13.

AMTRUP, J. W. Aspekte der Computerlinguistik. In: CARSTENSEN, K.-U. et al. (orgs.). *Computerlinguistik und Sprachtechnologie*: eine Einführung. 3. ed. Heidelberg: Spektrum, 2010, pp.1-17.

AVILA, M. T. *Proposta de dicionário nheengatu-português*. 2021. Tese (Doutorado em Estudos da Tradução) - Faculdade de Filosofia, Letras e Ciências Humanas, Universidade de São Paulo.

BENDER, E. M. Grammar engineering for linguistic hypothesis testing. In: GAYLORD, N.; PALMER, A.; PONVERT, E. et al. (orgs.). *The Proceedings of the Texas Linguistics Society 10*: Computational Linguistics for Less-Studied Languages. Stanford: CSLI, 2008, pp. 16-36.

BENDER, E. M. et al. Grammar customization. *Research on Language & Computation*. v. 8, n. 1, 2010, pp. 23-72.

BENDER, E. M.; EMERSON, G. Computational linguistics and grammar engineering. In: MÜLLER, S. et al. (orgs.). *Head-driven phrase structure grammar*: the handbook. Berlin: Language Science Press, 2021, pp. 1103-1150.

BIRD, S.; KLEIN, E.; LOPER, E. *Natural language processing with Python*: analyzing text with the Natural Language Toolkit. Sebastopol: O'Reilly, 2009.

CHOMSKY, N. *Syntactic structures*. Berlim: Mouton de Gruyter, 2002.

CHURCH, K.; LIBERMAN, M. The future of computational linguistics: on beyond alchemy. *Frontiers in Artificial Intelligence*. v. 4, 2021, pp. 1-18.

CLARK, A; FOX, C.; LAPPIN, S. (orgs.). *The handbook of computational linguistics and natural language processing*. Malden: Wiley & Blackwell, 2010.

DEVLIN, J. et al. BERT: *Pre-training of deep bidirectional transformers for language understanding*. arXiv, 2018. Disponível em: <https://arxiv.org/abs/1810.04805>. Acesso em: abr. 2023.

FACUNDES, S. S.; FREITAS, M. F. P.; LIMA-PADOVANI, B. F. S. Number expression in Apurinã (Arawák). In: HÄMÄLÄINEN, M.; PARTANEN, N.; ALNAJJAR, K. (orgs.). *Multilingual facilitation*. Helsinki: University of Helsinki, 2021, pp. 31-42.

FERREIRA, M.; LOPES, M. *Para conhecer linguística computacional*. São Paulo: Contexto, 2019.

FREITAS, C. *Linguística computacional*. São Paulo: Parábola, 2022.

GALVES, C. et al. Annotating a polysyntheticlanguage: from Portuguese to Kadiwéu. *Cadernos de Estudos Linguísticos*. v. 59, n. 3, 2017, pp. 631-648.

GERARDI, F. F.; REICHERT, S.; ARAGON, C. TuLeD (Tupían lexical database): introducing a database of a South American language family. *Language Resources & Evaluation*. v. 55, 2021, pp. 997-1015.

GUINOVART, X. G. Lingüística computacional. In: RAMALLO, F.; REI-DOVAL, G.; RODRÍGUEZ, X. P. (orgs.). *Manual de ciencias da linguaxe*. Vigo: Xerais, 2000. pp. 221-268.

HIRST, G. Computational linguistics. In: ALLAN, K. (org.). *The Oxford handbook of the history of linguistics*. Oxford: OUP, 2013, pp. 707-726.

INDURKHYA, N.; DAMERAU, F. J. (orgs.). *Handbook of natural language processing*. 2. ed. Boca Raton: Chapman & Hall, 2010.

JURAFSKY, D.; MARTIN, J. H. *Speech and language processing*: an introduction to natural language processing, computational linguistics, and speech recognition. London: Pearson International, 2009.

KARTTUNEN, L. The insufficiency of paper-and-pencil linguistics: the case of Finnish prosody. In: BUTT, M.; DALRYMPLE, M.; KING, T. H. (orgs.). *Intelligent Linguistic Architectures*: variations on themes by Ronald M. Kaplan. Stanford: CSLI, 2006, pp. 287-300.

LANGENDOEN, D. T. Linguistic theory. In: BECHTEL, W.; GRAHAM, G. (orgs.). *A companion to cognitive science*. Malden: Blackwell, pp. 235-244.

LOBIN, H. *Computerlinguistik und Texttechnologie*. Paderborn: Fink, 2010.

MARNEFFE, M.-C. de et al. Universal Dependencies. *Computational Linguistics*. v. 47, n. 2, 2021, pp. 255-308.

MELLO, H.; FARINELLI, F. Tratamento computacional do português brasileiro. *Domínios de Lingu@gem*, Uberlândia, v. 16, n. 4, 2022, pp. 1223-1241.

MÜLLER, S. The CoreGram Project: Theoretical Linguistics, Theory Development and Verification. *Journal of Language Modelling*, Warszawa, v. 3, n. 1, 2015, pp. 21-86.

NAVARRO, E. A. *Curso de língua geral (nheengatu ou tupi moderno)*: a língua das origens da civilização amazônica. São Paulo: Centro Angel Rama da Faculdade de Filosofia, Letras e Ciências Humanas da Universidade de São Paulo, 2016.

OTHERO, G. A.; MENUZZI, S. M. *Linguística computacional:* teoria & prática. São Paulo: Parábola Editorial, 2005.

RODRÍGUEZ, L. M. et al. Tupian Language Resources: Data, Tools, Analyses. In: MELERO, M.; SAKTI, S.; SORIA, C. (orgs.). *Proceedings of the LREC 2022 Workshop of the 1st Annual Meeting of the ELRA/ISCA Special Interest Group on Under-Resourced Languages (SIGUL 2022)*. Paris: European Language Resources Association, 2022, pp. 48-58.

SCHWARZE, C. *Introduction à la sémantique lexicale*. Tübingen: Narr, 2001.

ZAMARAEVA, O. et al. 20 years of the grammar matrix: cross-linguistic hypothesis testing of increasingly complex interactions. *Journal of Language Modelling*. v. 10, n. 1, 2022, pp. 49-137.

Linguística da enunciação

Valdir do Nascimento Flores

O QUE É A LINGUÍSTICA DA ENUNCIAÇÃO?

Não é fácil explicar o surgimento e definir o escopo da linguística da enunciação, e isso se deve a alguns motivos: (a) ela não tem propriamente um precursor único; no máximo, podemos identificar alguns precursores, nem sempre em razão dos mesmos motivos; (b) ela não tem uma referência institucional única (Círculo, Universidade, Sociedade etc.); (c) ela não tem um conjunto coeso de termos e definições, com unanimidade conceitual entre os especialistas, que sirva de base estabilizadora do campo; por fim e mais importante, (d) ela não é constituída por um único modelo teórico-metodológico da análise linguística; na verdade, há "modelos", também chamados "teorias da enunciação", que pouco ou nada têm em comum entre si; quer dizer, "o domínio da enunciação abrange [...] uma série de referências, muito amplamente heterogêneas que, de Benveniste a Jakobson e Culioli, de Perelman a Austin e Strawson ou Bakhtin e Weinrich e muitos outros teóricos importantes, desenha uma constelação de 'teorias de referência'" (Puech, 2018: 222).

Cervoni (1989) – em um dos primeiros manuais introdutórios ao assunto – considera que "os estudos relativos à enunciação são de tamanha diversidade que temos o direito de indagar: o que permite reuni-los sob uma designação única? Quais são os traços comuns, suficientemente significativos, que os aproximam e os constituem em um conjunto distinto?".

Afora essa realidade aparentemente pouco favorável à instauração de um campo homogêneo do conhecimento, não podemos ignorar que é evidente a difusão da expressão "linguística da enunciação" nos estudos linguísticos em geral. Nós a encontramos em várias fontes:

90 A linguística hoje

(i) em obras fundamentais – e fundantes – como, por exemplo, no título de *Pour une linguistique de l'énonciation* [Por uma linguística da enunciação], de Antoine Culioli (1999a; 1999b; 2000; 2018);

(ii) em obras de introdução à linguística, como em *Les grandes théories de la linguistique* [As grandes teorias da linguística], em que lemos, no título do capítulo 9, "As linguísticas enunciativas" (Paveau e Sarfati, 2008: 166);

(iii) em obras sobre fenômenos linguísticos específicos, como em *A propósito da noção de dêixis*, cujo autor afirma que "um novo palco onde a noção de dêixis desempenha um papel relevante – senão o principal – é constituído pela chamada 'linguística da enunciação'" (Lahud, 1979: 97);

(iv) em obras de referência que buscam estabelecer certa estabilidade do campo, como em *L'énonciation. De la subjectivité dans le langage* [A enunciação. Da subjetividade na linguagem], em que vemos sua autora refletir a partir da indagação "Qual deve ser, qual pode ser o objeto de uma 'linguística da enunciação'?" (Kerbrat-Orecchioni, 2009: 32);

(v) em obras externas à linguística como, por exemplo, na *História do estruturalismo* de François Dosse (1994: 61) – "[...] a progressão de uma linguística da enunciação [...]" – e na filosofia de Dany-Robert Dufour (2000: 49) – "a linguística da enunciação fornece [...]".

Em todos esses casos, o sintagma "linguística da enunciação" aparece como designação de um campo específico de estudos da linguística em geral.

Do ponto de vista histórico – embora se possa remeter a ideia de enunciação, inclusive com o uso do termo, à Antiguidade e aos estudos inaugurais da lógica, da filosofia e da gramática –, podemos situar o surgimento da linguística da enunciação, em sentido estrito, no contexto disciplinar francófono das ciências da linguagem, em especial na França do século XX: "após Bally, que dá uma primeira formulação do problema, Jakobson e Benveniste foram justamente saudados como os pioneiros das pesquisas neste domínio" (Maldidier, Normand e Robin, 1994: 72). É isso que também corrobora a *Encyclopédie philosophique universelle*, em seu excelente verbete "Enunciação", ao explicar que, "com Bally e Sechehaye, a abordagem enunciativa conduz à teoria da enunciação, desenvolvida principalmente na França e na Suíça" (Universelle, 1990).

No Brasil, a disciplinarização (Puech, 2018) do campo é relativamente recente, datada dos anos 2000 em diante – o que não significa que autores enunciativistas não estivessem em circulação no Brasil já desde os anos 1970[1] –, e fortemente influenciada pela ascensão e consolidação da área no âmbito francês. Apesar de ser, na linguística brasileira, um domínio ainda em via de constituição, a linguística da enunciação já conta com manuais introdutórios (Flores e Teixeira, 2005), dicionário (Flores et al., 2009), títulos de linhas de pesquisa em programas de pós-graduação, denominações de disciplinas, pesquisas em nível de mestrado e de doutorado etc. Tudo isso indica, então, que já podemos nos referir à expressão "linguística da enunciação", esperando, assim, nomear uma configuração disciplinar.

Essas observações iniciais acerca da heterogeneidade constitutiva da linguística da enunciação não impedem que sejam estabelecidos alguns pontos unificadores do campo enunciativo. Para tanto, começamos fazendo um pequeno ajuste terminológico (cf. Flores et al., 2009: 11-26) cujo alcance está restrito à nossa interpretação da configuração epistemológica da área: falamos em "linguística da enunciação" (no singular) e em "teorias da enunciação" (no plural). O primeiro termo designa o conjunto formado pelo que é designado no segundo. Quer dizer: a expressão "teorias da enunciação" nomeia, para fins de compreensão global do campo, diferentes construtos teórico-metodológicos, ou seja, propostas individualizadas, normalmente assimiladas aos nomes de autores. É assim que podemos falar na teoria da enunciação de Bally, Jakobson, Benveniste, Ducrot, Culioli etc. Nesse sentido, as teorias da enunciação são diversas e diferentes umas das outras e, juntas, compõem a linguística da enunciação.

Ora, a simples consideração de que o conjunto formado por todas essas teorias possa constituir um determinado campo dos estudos linguísticos leva a pensar que algo as unifica. Sim, em linhas gerais, podemos delinear alguns pontos de convergência entre elas. Nesse aspecto, acompanhamos Fuchs (1985: 120), para quem, embora seja "difícil encontrar uma apresentação de conjunto das grandes questões e das posições comuns às diversas abordagens da enunciação", é possível "esboçar as linhas gerais dessa apresentação", as quais, segundo a autora, se delineiam em "três eixos de reflexão: o questionamento da oposição língua/fala, a concepção da semântica, e o papel do sujeito".

Atualmente é possível reconfigurar a proposta de Fuchs (1985). Para nós (Flores et al., 2009), há, na verdade, quatro eixos transversais às teorias da enunciação, que unificam o escopo da linguística da enunciação. São eles: (a) a relação com Ferdinand de Saussure, em especial com a distinção língua/fala; (b) o ponto de vista do sentido; (c) os mecanismos de produção do sentido; (d) o elemento subjetivo. Falemos suscintamente sobre cada um.

92 A linguística hoje

a. Saussure e a distinção língua/fala

Todas as teorias da enunciação se pronunciam a respeito da distinção operada por Saussure entre *língua* e *fala*. Há, nessas teorias, uma espécie de retomada da distinção saussuriana. No entanto, cada teoria da enunciação reformula-a, amplia-a e até mesmo, num certo sentido, dela diverge em relação à teoria saussuriana.

É isso que lemos em Lahud (1979: 97-98), quando afirma que "a linguística da enunciação visa não somente um fenômeno que não pertence à 'fala', mas justamente um fenômeno cuja existência compromete a própria distinção língua-fala em algumas de suas postulações". Opinião semelhante encontramos em Paveau e Sarfati (2008: 166), que afirmam que "as linguísticas enunciativas têm por fundamento comum uma crítica da linguística da língua e uma vontade de estudar os fatos de fala". Ainda a título de exemplo, lembramos Fuchs (1985), que fala em um questionamento da distinção saussuriana, orientado em duas direções: a) na da constatação de que existem na língua categorias que remetem ao funcionamento da própria língua e que não podem ser estudadas sem que se leve em consideração a situação de enunciação; b) na admissão de que, no plano do funcionamento concreto do discurso, é impossível dissociar o plano objetivo do subjetivo: "o sujeito está sempre presente em tudo, mesmo quando se mascara" (Fuchs, 1985: 120).

Em resumo, a distinção língua/fala é um elemento transversal a todas as teorias que requerem pertencimento à linguística da enunciação. Há autores que recusam os termos da distinção, há autores que a reconfiguram, há autores que a incorporam parcialmente. O fato é, porém, que, independentemente do vínculo que estabelecem com Saussure, as teorias da enunciação constituem um novo objeto, não completamente assimilado à dupla língua/fala. Esse novo objeto não é nem a língua nem a fala, mas a *enunciação*.

b. O ponto de vista do sentido

Esse tema merece atenção especial: as teorias da enunciação estudam as línguas e, por conseguinte, a linguagem humana de um ponto de vista do sentido, mas isso não faz delas uma *semântica*, estritamente falando. Quer dizer, o núcleo de qualquer teoria enunciativa é o sentido, mas não podemos dizer que se trata de uma semântica (no sentido disciplinar da palavra) porque a enunciação não é um nível da análise linguística como o é, por exemplo, o léxico, a sintaxe, a fonologia etc.

Na verdade, qualquer fenômeno de qualquer nível pode ser estudado por uma teoria da enunciação. Vejamos alguns exemplos: Kerbrat-Orecchioni (2009) descreve dêiticos (pronomes pessoais, demonstrativos), substantivos, adjetivos, verbos, advérbios, modalizações, etc.; Culioli (1999a; 1999b; 2000; 2018) estuda a negação, a representação metalinguística em sintaxe, a quantificação, o aspecto, as referências nominais, a prosódia; Authier-Revuz (1995) aborda incisas, pseudo-anáforas, correções, glosas; Ducrot (1981) descreve conectores, operadores, modalizadores, negação, ironia; Fuchs (1982; 1994) desenvolve estudos sobre mecanismos sintático-semânticos da paráfrase; Danon-Boileau (1987a; 1987b) trabalha com negação, denegação, discurso citado, referência; Pottier (1992) fala em dêixis, determinantes, aspecto, tempo, modalidades. Bally (1944), antes de todos – na obra seminal *Linguistique génerale et linguistique française* [Linguística geral e linguística francesa], especificamente entre os parágrafos 26 e 212, em um capítulo intitulado "Teoria geral da enunciação" –, aborda aspectos da sintaxe, do léxico e da fonologia da língua francesa; Benveniste, por sua vez, ocupa-se de pronomes, verbos, advérbios, categorias gramaticais específicas (pessoa, tempo e espaço), índices de ostensão, formas temporais, funções sintáticas (de interrogação, de intimação, de asserção), modalidades, fraseologia, produtividade lexical, entre outros fenômenos. Há também os estudos de Jakobson (1963) a propósito dos *shifters* (embreantes). A lista poderia ser ainda facilmente ampliada.

Como se pode ver, não há, nesses estudos, restrição especificamente a um nível da análise linguística. É por isso que dizemos que a enunciação não é um nível da análise linguística; ela é um ponto de vista da análise e, por isso, pode ser estudada em todos os níveis, isto é, qualquer fenômeno linguístico pode receber um estudo enunciativo.

O fato é que a enunciação – quando vista do prisma epistemológico que é o nosso aqui – é algo que acontece com a língua toda. Dito de outro modo: quando um falante enuncia, ele o faz com a língua inteira. Tem razão Benveniste, portanto, quando afirma que se trata "de um mecanismo total e constante que, de uma maneira ou de outra, afeta a língua inteira" (Benveniste, 1989: 82).

Assim, embora a concepção teórico-metodológica dessas teorias não seja unificada – "há provavelmente tantas concepções da semântica quantas são as teorias" (Fuchs, 1985: 121) –, todas enfocam aspectos do sentido, em especial, aqueles relativos ao ato (ação, atitude etc.) de tomar a palavra, à situação de uso (muitas vezes chamada "situação de enunciação") e ao diálogo (também nomeado intersubjetividade, interação, dialogicidade etc.).

94 A linguística hoje

c. Os mecanismos de produção do sentido

O terceiro aspecto unificador das teorias da enunciação – de certa forma, avatar do aspecto anterior – diz respeito ao fato de que todas descrevem/ explicam os fenômenos linguísticos listados anteriormente (cf. item b) como mecanismos de produção do sentido na enunciação. São entendidos, na verdade, como mecanismos (também chamados, "marcas", "operações" etc.) que revelam a relação da enunciação com o enunciado, do dizer com o dito, do ato com o produto do ato etc.

d. O elemento subjetivo

A expressão "elemento subjetivo" é utilizada pelo linguista francês Michel Bréal para intitular o capítulo XXV de seu *Ensaio de semântica*, originalmente de 1887. Bréal é um dos primeiros na área da linguística a assinalar que "o produtor intervém frequentemente na ação para nela misturar suas reflexões e seu sentimento pessoal. [...]. Essa intervenção é o que proponho chamar o *aspecto subjetivo da linguagem*" (Bréal, 1992: 157, destaque do autor). Ainda, segundo Bréal, "esse aspecto é representado: 1º) por palavras ou membros de frases; 2º) por formas gramaticais; 3º) pelo plano geral de nossas línguas" (Bréal, 1992: 157).

Ora, além de já estar clara em Bréal – talvez um dos grandes precursores dos estudos enunciativos no mundo – a presença do "elemento subjetivo" na(s) língua(s), percebe-se que o autor considera que esse "elemento" é constitutivo da(s) língua(s) em sua totalidade, o que corrobora a interpretação que fizemos anteriormente (cf. item b).

O "elemento subjetivo" de que fala Bréal recebeu muitas – e díspares – denominações no século XX, no contexto das teorias da enunciação: locutor, enunciador, emissor, falante, sujeito falante, entre outros (e seus respectivos pares: alocutário, enunciatário, receptor, sujeito ouvinte etc.). Todos podem ser subsumidos, para fins de delineamento epistemológico do campo, no termo "sujeito".

Essa diversidade terminológica revela uma diversidade teórica, sem dúvida, mas também leva a pensar esses "sujeitos" como um eixo unificador do campo.

Como diz Fuchs (1984: 77), "a hipótese de base de toda teoria enunciativa é a inscrição do sujeito no próprio âmago do sistema linguístico, manifestada em particular pela existência de certas categorias gramaticais específicas, que marcam a relação do sujeito com seu próprio enunciado (pessoas, modalidades, temporalidade, dêixis, etc.)". Ou ainda: "o que é característico das teorias enunciativas é que elas tentam integrar à análise linguística o parâmetro 'sujeito' e tratam-no como um sujeito *linguístico,* quer dizer como uma espécie de 'função vazia', como simples suporte de operações linguísticas" (Fuchs, 1985: 122, destaques da autora).

Enfim, em termos de conclusão e em resposta à indagação "O que é a linguística da enunciação?", que serve de título a esta seção, diremos que a linguística da enunciação é um campo dos estudos linguísticos que reúne teorias da enunciação; cada teoria apresenta um modelo teórico-metodológico de estudo da enunciação; em todas, vê-se, transversalmente, os quatro pontos antes destacados.

O QUE A LINGUÍSTICA DA ENUNCIAÇÃO ESTUDA?

Ora, a resposta à pergunta-título parece, incialmente, óbvia: a linguística da enunciação estuda a *enunciação*. Mas é exatamente aí que as dificuldades começam. Não há um conceito de "enunciação" de referência unânime ao qual se possa recorrer. Cada autor, de cada teoria da enunciação, formula o seu conceito, em função de sua reflexão.

A dificuldade de alicerçar esse conceito em bases que sirvam, de maneira indistinta e geral, para a totalidade das teorias é recorrente nos estudos que dirigem um olhar global ao campo, objetivo que é o nosso aqui. Como explica Puech (1998: 5)

> Se, de fato, existem livros didáticos universitários que atestam a paradigmatização materializada das teorias da enunciação, eles são recentes e justificam sua própria existência não em referência a uma memória – mesmo de curto prazo –, nem a um projeto homogêneo, mas sim, ao contrário, pela fragmentação do campo, pela impossibilidade de circunscrevê-lo a partir de um único ponto de vista e pela necessidade de uma escolha epistemológica.

Ciente disso, Kerbrat-Orecchioni (2009: 32) questiona: "é tempo de definir mais precisamente o campo de nosso estudo, quer dizer, de fornecer uma resposta à questão: o que é a enunciação?".

Nesse sentido, uma das melhores definições gerais – quer dizer, que apresenta pontos que podem ser vistos como comuns a boa parte das teorias da enunciação – é a apresentada por Arrivé, Gadet e Galmiche (1986: 254):

Podemos definir a *enunciação* como o ato individual de criação pelo qual um locutor coloca em funcionamento a língua: uma troca linguística que envolve indivíduos (locutor e alocutário), numa situação particular. Por mais individual e particular que seja esse ato, ele não deixa de obedecer a certos esquemas inscritos no sistema da língua. É preciso, portanto, distinguir entre o material linguístico abstrato (ou enunciado-tipo) e as múltiplas realizações que são os atos de discurso (ou enunciados-ocorrência): é nesse segundo nível que se inscreve a problemática da enunciação. O estudo da enunciação se apresenta, portanto, como uma problemática das 'marcas' no enunciado do ato de produção; se ela interessa ao gramático é na medida em que ele reconhece que certos fatos gramaticais não podem ser corretamente descritos fora dessa referência e que os agenciamentos de formas não se reduzem a uma combinatória formal.

Aqui, vemos apresentados os principais elementos da enunciação – os interlocutores, a língua e a situação de enunciação – e o objeto propriamente do estudo – as marcas da enunciação, do ato de produção, no enunciado. Além disso, os autores explicitam uma das principais distinções do campo: enunciação/enunciado. Sobre essa distinção, Ducrot e Todorov (1988: 289, destaques dos autores) assim se pronunciam:

> A produção linguística pode ser considerada: seja como uma sequência de frases, identificada sem referência a determinado aparecimento particular dessas frases [...]; seja como um ato no decorrer do qual essas frases se atualizam, assumidas por um locutor particular, em circunstâncias espaciais e temporais precisas. Tal é a oposição entre o ENUNCIADO e a situação de discurso, algumas vezes chamada de enunciação. Entretanto, quando se fala em linguística, de ENUNCIAÇÃO, toma-se esse termo em um sentido mais restrito: não se visa nem o fenômeno físico de emissão ou recepção da fala, [...], nem as modificações introduzidas no sentido global do enunciado pela situação, mas os elementos pertencentes ao código da língua e cujo sentido, no entanto, depende de fatores que variam de uma enunciação para outra; por exemplo, *eu*, *tu*, *aqui*, *agora* etc. Em outras palavras, o que a linguística retém é a *marca do processo de enunciação no enunciado*.

Grosso modo, portanto, diremos que a linguística da enunciação estuda as marcas da enunciação no enunciado, quer dizer, ela busca estudar os "procedimentos linguísticos (*shifters*, modalizadores, termos avaliativos etc.) pelos quais o locutor imprime sua marca ao enunciado, se inscreve na mensagem (implícita ou explicitamente) e se situa em relação a ela (problema da 'distância enunciativa')" (Kerbrat-Orecchioni, 2009: 38). Isto é, busca-se fazer uma descrição/explicação de elementos linguísticos, de qualquer natureza e de qualquer nível, que funcionam como marcas da enunciação (o ato de dizer) no enunciado (o dito).

QUAIS SÃO AS GRANDES LINHAS DE INVESTIGAÇÃO?

Os autores que se dedicam a abordar histórica e epistemologicamente a linguística da enunciação costumam dividir o campo em duas correntes (Fuchs, 1985; Arrivé, Gadet e Galmiche, 1986): (a) a enunciativa no sentido estrito e (b) a pragmática.

A corrente enunciativa no sentido estrito "parte da análise de alguns subsistemas de unidades da língua (que, como a dêixis e as modalidades, têm um estatuto claramente enunciativo) e amplia a análise progressivamente a outras unidades e, depois, a todo enunciado" (Fuchs, 1985: 116). Essa perspectiva entende a enunciação como uma "categoria" a partir da qual as formas das línguas podem ser estudadas. Essa corrente é considerada "neoestruturalista", de grande difusão na Europa, em especial na França.

O grande precursor dessa corrente na França foi o linguista Émile Benveniste. Uma síntese de sua teoria da enunciação pode ser encontrada no artigo "O aparelho formal da enunciação", publicado originalmente em 1970, no qual ele estabelece um percurso teórico-metodológico da enunciação no quadro formal de sua realização.

Nesse artigo, Benveniste busca "esboçar, no interior da língua, os caracteres formais da enunciação a partir da manifestação individual que ela atualiza" (Benveniste, 1989: 83). Segundo ele, "esses caracteres são, uns necessários e permanentes, os outros incidentais e ligados à particularidade do idioma escolhido" (Benveniste, 1989: 83). Na análise da enunciação, é necessário considerar "o próprio ato, as situações em que ele se realiza, os instrumentos de sua realização" (Benveniste, 1989: 83).

O ato é formado pelas figuras do locutor e do alocutário: "uma, origem, a outra, fim da enunciação" (Benveniste, 1989: 87), ou seja, "o locutor como parâmetro nas condições necessárias da enunciação" (Benveniste, 1989: 83) e, ao mesmo tempo, "o *outro* diante de si" (Benveniste, 1989: 84). Nesse sentido, "toda enunciação é,

98 A linguística hoje

explícita ou implicitamente, uma alocução, ela postula um alocutário" (Benveniste, 1989: 84). É a estrutura do diálogo. A situação diz respeito ao fato de que, "na enunciação, a língua se acha empregada para a expressão de uma certa relação com o mundo" (Benveniste, 1989: 84): o locutor refere e o alocutário correfere pelo discurso; a referência é um sentido construído na interlocução, ela é "parte integrante da enunciação" (Benveniste, 1989: 84). Os instrumentos[2] de realização da enunciação estão ligados ao fato de que "o locutor se apropria do aparelho formal da língua e enuncia sua posição de locutor por meio de índices específicos, de um lado, e por meio de procedimentos acessórios, de outro (Benveniste, 1989: 84). Os índices específicos da enunciação são as categorias de pessoa (índices de pessoa), espaço (índices de ostensão) e tempo (formas temporais). Os procedimentos acessórios são todos os demais mecanismos que o locutor utiliza para construir a referência de seu discurso (recursos sintáticos, lexicais, prosódicos etc.).

A perspectiva de Benveniste é base para muitos outros autores que a ele se alinham ou a ele se opõem: Culioli, Hagège, Ducrot, Authier-Revuz, entre outros.

A corrente pragmática, de inspiração lógica e anglo-saxã, é "particularmente bem implantada nos Estados Unidos, na Alemanha e na Inglaterra" (Fuchs, 1985: 116-117). Nela, encontram abrigo (a) os estudos dos atos de fala oriundos da filosofia de John Austin e, posteriormente de John Searle; (b) os estudos conversacionais oriundos da teoria das máximas conversacionais de Grice; (c) os estudos das expressões indiciais de Bar-Hillel, entre outros.

Conforme explica Fuchs (1985: 117), "contrariamente à primeira corrente que, partindo das marcas linguísticas e das categorias formais, chegava a categorias nocionais cada vez mais vastas, a corrente pragmática [...] parte de categorias nocionais e visa encontrar nelas as marcas linguísticas". Quer dizer, essa corrente reivindica para si uma ideia de enunciação generalizada – "a corrente pragmática tende a identificar pura e simplesmente 'pragmática linguística' e 'enunciação'" (Fuchs, 1985: 119) – que se revela no estudo dos modos de dizer, de agir via linguagem. Nela, são estudados os fenômenos de implicitação (pressupostos, subentendidos, alusões etc.), das estratégias conversacionais, da (inter)ação. Essa corrente, enfim, insere-se no quadro de uma teoria geral da ação via linguagem, o que amplia consideravelmente o horizonte de discussões em especial nas interfaces com teorias filosóficas, éticas e sociológicas da linguagem humana.

Por fim, é importante considerar que "essas duas correntes parecem ignorar-se mutuamente" (Fuchs, 1985: 117), no entanto, autores como Benveniste, Ducrot, Récanati e Flahault não deixam de estabelecer conexões entre as duas perspectivas.

QUE ESTUDOS PODEM SER DESENVOLVIDOS COM A LINGUÍSTICA DA ENUNCIAÇÃO?

As teorias da enunciação abrigadas no interior da linguística da enunciação podem dar origens a estudos em duas perspectivas (Flores e Teixeira, 2005). A primeira, que poderíamos chamar de linguística *stricto sensu*, e a segunda, que visa interfaces da descrição linguística com outros campos do conhecimento e com outras áreas da linguística.

Na primeira, estão reunidos trabalhos que buscam a descrição linguística a partir de categorias da enunciação (Fiorin, 2016; Flores et al. 2013, por exemplo) em diferentes quadros teóricos (De Vogué, Franckel e Paillard, 2011; Romero, 2019; Fiorin, 2008; Guimarães, 1995, por exemplo). Na segunda, estão presentes trabalhos que visam interfaces com outros campos do conhecimento (filosofia, literatura, psicanálise, antropologia, entre outros) ou com outras áreas da linguística (linguística do texto, análise do discurso, semiótica, entre outras).

O QUE EU PODERIA LER PARA SABER MAIS?

Como o leitor deve ter compreendido, sendo a linguística da enunciação um campo heterogêneo constituído por diferentes teorias da enunciação, a primeira recomendação que se deve dar àqueles que iniciam seus estudos na área é que não esqueçam que cada teoria tem o seu percurso conceitual e metodológico. Logo, desenvolver estudos enunciativos exige aprofundamento vertical em uma ou mais teoria da enunciação, e isso somente pode ser feito com leitura detalhada de bibliografia específica e restrita a cada teoria.

No entanto, de um ponto de vista geral, com objetivos epistemológicos e históricos, podemos destacar alguns bons trabalhos de introdução aos estudos enunciativos, hoje em dia. Em primeiro lugar, os dicionários *Les mots de la linguistique. Lexique de linguistique énonciative* (Groussier e Rivière, 1996) e *Dicionário de linguística da enunciação* (Flores et al., 2009). Em seguida, as obras introdutórias *Approche de l'énonciation en linguistique française* (Maingueneau, 1981), *A enunciação* (Cervoni, 1989), *Os limites do sentido* (Guimarães, 1995), *L'énonciation. De la subjectivité dans le Langage* (Kerbrat-Orecchioni, 2009), *Introdução à linguística da enunciação* (Flores e Teixeira, 2005). Por fim, o verbete "Énonciation" da *Encyclopédie philosophique universelle*, os artigos "Histoire du mot énonciation" (Delasalle, 1986), "As problemáticas enunciativas: esboço de uma apresentação histórica e crítica" (Fuchs, 1985), "Princípios para a definição do objeto da linguística da

100 A linguística hoje

enunciação" (Flores, 2001), e os capítulos de livro "Semântica da enunciação" (Flores, 2013) e "Enunciado/Enunciação" (Silva, 2023). Vale ler também a entrevista "Linguística da enunciação: uma entrevista com Marlene Teixeira e Valdir Flores" (Teixeira e Flores, 2011).

Notas

[1] Sobre isso ver: Brait (1995); Brait (2001) e Flores (2017).
[2] Especificamente sobre a distinção entre índices específicos e procedimentos acessórios, ver Aresi (2011).

Referências

ARESI, Fábio. Os índices específicos e os procedimentos acessórios da enunciação. *Revista Virtual de Estudos da Linguagem*. v. 9, n. 16, 2011.

ARRIVÉ, M.; GADET, F.; GALMICHE, M. *La grammaire d'aujourd'hui*. Guide alphabétique de linguistique française. Paris: Flammarion, 1986.

AUTHIER-REVUZ, J. *Ces mots qui ne vont pas de soi: boucles réflexives et non-coïncidences du dire*. 2 vol. Paris: Larousse, 1995.

BALLY, C. *Linguistique générale et linguistique française*. Berna: Francke, 1944.

BARBISAN, L. B. Semântica argumentativa. In: FERRAREZI JR., Celso; BASSO, Renato. (orgs.). *Semântica, semânticas:* uma introdução. São Paulo: Editora Contexto, 2013, pp. 19-30.

BENVENISTE, E. O aparelho formal da enunciação. In: *Problemas de linguística geral II*. Trad. Eduardo Guimarães et al. Campinas: Pontes, 1989, pp. 81-90.

BRAIT, B. La réception d'Émile Benveniste au Brésil: quelques aspects. *Revista de Língua e Literatura*. v. 21, 1995, pp. 197-215.

BRAIT, B. (org.). *Estudos enunciativos no Brasil:* histórias e perspectivas. Campinas: Pontes; São Paulo: Fapesp, 2001.

BREAL, M. *Ensaio de semântica*. Trad. Aída Ferraz et al. São Paulo: Pontes /EDUC, 1992.

CERVONI, J. *A enunciação*. Trad. L. Garcia dos Santos. São Paulo: Ática, 1989.

CREMONESE, L. E.; FLORES, V. do N. Aspectos da teoria enunciativa de Charles Bally. *Cadernos de pesquisas em linguística*. v. 5, 2010, pp. 26-39.

CULIOLI, A. *Pour une linguistique de l'énonciation*. Opérations et représentation. Paris: Ophrys, 1990.

CULIOLI, A. *Pour une linguistique de l'énonciation*. Formalisation et opérations de repérage. Paris: Ophrys, 1999a.

CULIOLI, A. *Pour une linguistique de l'énonciation*. Domaine Notionnel. Paris: Ophrys, 1999b.

CULIOLI, A. *Pour une linguistique de l'énonciation*. Tours e Détours. Limoges: Lambert-Lucas, 2018.

CUREA, A. *Entre expression et expressivité:* l'école linguistique de Genève de 1900 à 1940: Charles Bally, Albert Sechehaye, Henri Frei. Lyon: ENS Éditions, 2015.

DANON-BOILEAU, L. *Le sujet de l'énonciation: psychanalyse et linguistique* Paris: Ophrys, 1987a.

DANON-BOILEAU, L. *Enonciation et reference*. Paris: Ophrys, 1987b.

DASCAL, M. *Fundamentos metodológicos da linguística*. Pragmática. Vol. IV. Campinas: Edição do autor, 1982.

DELESALLE, S. Introduction: histoire du mot énonciation. *Histoire, Épistémologie, Langage*. T.8, 1986, pp.3-22.

DOSSE, F. *História do estruturalismo I:* o campo do signo, 1945/1966. Trad. Álvaro Cabral. São Paulo: Ensaio, 1993.

DOSSE, F. *História do estruturalismo II:* o canto do cisne, de 1967 a nossos dias. Trad. Álvaro Cabral. São Paulo: Ensaio, 1994.

DUCROT, O. *O dizer e o dito*. Trad. Eduardo Guimarães et al. Campinas: Pontes, 1987.

DUCROT, O; TODOROV, T. *Dicionário enciclopédico das ciências da linguagem*. Trad. Alice Kyoko Miyashiro et al. São Paulo: Perspectiva, 1988.

DUFOUR, D-R. *Os mistérios da trindade*. Rio de Janeiro: Companhia de Freud, 2000.

Linguística da enunciação **101**

DURRER, S. *Introduction à la linguistique de Charles Bally*. Paris: Delachaux et Niestlé, 1998.

ENCYCLOPÉDIE PHILOSOPHIQUE UNIVERSELLE, Vol 2. *Les notions philosophiques*, tome 1, PUF, Paris, 1990.

FIORIN, José Luiz. "Pragmática". In: *Introdução à linguística*. Princípios de análise. São Paulo: Contexto, 2005, pp. 161-185.

FIORIN, José Luiz. *As astúcias da enunciação:* as categorias de pessoa, espaço e tempo. São Paulo: Contexto, 2016

FLAHAULT, F. *La parole intermédiaire*. Paris: Éditions du Seuil, 1978.

FLORES, V. do N. et al. *Dicionário de linguística da enunciação*. São Paulo: Editora Contexto, 2009.

FLORES, V. do N. et al. *Enunciação e gramática*. 2ª Edição. São Paulo: Editora Contexto, 2013.

FLORES, V. do N. *Introdução à teoria enunciativa de Benveniste*. São Paulo: Parábola, 2013a.

FLORES, V. do N. Semântica da enunciação. In: FERRAREZI JR., C.; BASSO, R. (orgs.). *Semântica, semânticas:* uma introdução. São Paulo: Editora Contexto, 2013b, pp. 89-104.

FLORES, V. do N. As teorias enunciativas e a linguística no Brasil: o lugar de Émile Benveniste. *Antares: Letras e Humanidades*, v. 8, pp. 2-14, 2016.

FLORES, V. do N. Teoria da enunciação. In: ROMERO, M. et al. (orgs.). *Manual de linguística*. Semântica, pragmática e enunciação. Petrópolis: Vozes, 2019, pp. 145-173.

FLORES, V. do N.; TEIXEIRA, M. *Introdução à linguística da enunciação*. São Paulo: Contexto, 2005.

FLORES, V. do N.; TEIXEIRA, M. Enunciação, dialogismo, intersubjetividade: um estudo sobre Bakhtin e Benveniste. *Bakhtiniana*, São Paulo, v. 1, n. 2, pp. 143-164, 2009.

FLORES, V. do N.; TEIXEIRA, M. Linguística da enunciação: uma entrevista com Marlene Teixeira e Valdir Flores. *Revista Virtual de Estudos da Linguagem*, v. 9, pp. 406-425, 2011.

FONTAINE, J. L'énonciation de Benveniste à Weinrich. *Histoire Épistémologie Langage*. v. 8, n. 2, 1986, pp. 207-220.

FUCHS, C. *La paraphrase*. Paris: P.U.F., 1982.

FUCHS, C. O sujeito na teoria enunciativa de A. Culioli: algumas referências. *Cadernos de Estudos Linguísticos*. n. 7, 1984, pp. 77-85.

FUCHS, C. As problemáticas enunciativas: esboço de uma apresentação histórica e crítica. *Alfa*, n. 29. 1985, pp. 111-129.

FUCHS, C. *Paraphrase et énonciation*. Paris: Ophryrs, 1994.

GROUSSIER, M-L; RIVIERE, C. *Les mots de la linguistique*. Lexique de linguistique énonciative. Paris: OPHRYS, 1996.

GUIMARÃES, E. *Os limites do sentido:* um estudo histórico e enunciativo da linguagem. Campinas, SP: Pontes, 1995.

JAKOBSON, R. Les embrayeurs, les catégories verbales et le verbe russe. In: *Essais de linguistique générale*. Les fondations du langage. Trad. Nicolas Ruwet. Paris: Les èditions de Minuit, 1963, pp. 176-196.

KERBRAT-ORECCHIONI. C. *L'énonciation*. De la subjectivité dans le langage. Paris: Armand Colin, 2009.

LAHUD, M. *A propósito da noção de dêixis*. São Paulo: Ática, 1979.

MACHADO, I. Texto como enunciação. A abordagem de Mikhail Bakhtin. *Língua e Literatura*, n. 22, pp. 89-105, 1996.

MAINGUENEAU, D. *Approche de l'énonciation em linguistique française:* embrayeurs, temps, discours rapporté. Paris, Hachette, 1981.

MALDIDIER, D.; NORMAND, C.; ROBIN, R. Discurso e ideologia: bases para uma pesquisa. In: ORLANDI, E. (org.). *Gestos de leitura:* da história no discurso. Trad. Bethania Mariani et al. Campinas: Editora da Unicamp, 1994.

NORMAND, C. Le sujet dans la langue. *Langages*. n. 77. Paris: Larousse, 1985, pp. 7-19.

PAVEAU, M-A.; SARFATI, G-É. *Les grandes théories de la linguistique*. De la grammaire comparée à la pragmatique. Paris: Armand Colin, 2008.

POTTIER, B. *Sémantique générale*. Paris: PUF, 1992.

PUECH, C. Manuélisation et disciplinarisation des savoirs de la langue. *Les Carnets du Cediscor*. v. 5, 1998, pp. 15-30.

RÉCANATI, F. *La transparence et la énonciation*. Paris: Seuil, 1978.

ROMERO, M. Teoria das operações enunciativas. In: ROMERO, M. et al. (orgs.). *Manual de linguística*. Semântica, pragmática e enunciação. Petrópolis: Vozes, 2019, pp. 175-228.

SAUSSURE, F. de. *Curso de linguística geral*. Trad. Antônio Chelini et al. São Paulo: Cultrix, 1975.

SILVA, C. L da C. Enunciado/enunciação. In: AZEVEDO, T. M.; FLORES, V. do N.(orgs.). *Estudos do discurso:* conceitos fundamentais. Petrópolis: Vozes, 2023.

Linguística de *corpus*

Tony Berber-Sardinha
Simone Vieira Resende
Marilisa Shimazumi

O QUE É A LINGUÍSTICA DE *CORPUS*?

A linguística de *corpus* (LC, doravante) é uma abordagem teórico-metodológica de investigação linguística sobre o uso da língua que permite fazer descrições e generalizações acerca de seu uso de forma empírica (Berber Sardinha, 2000a, 2004; Berber Sardinha et al., 2023; Finatto et al., 2018). Um *corpus* (plural, *corpora*) compreende grandes quantidades de textos orais e escritos em formato digital coletados seguindo parâmetros e critérios específicos, permitindo visualizar e descrever padrões de ocorrência de uso da língua por seus usuários (Berber Sardinha, 2004, no prelo).

No passado, linguistas e estudiosos da língua, muitos deles falantes nativos, recorriam à intuição sobre como a língua era ou deveria ser utilizada. Esse cenário começa a mudar com o surgimento do computador digital como ferramenta de compilação, extração e análise de dados. Atualmente, os estudos em LC utilizam *corpora* em diversas línguas e para diversas finalidades e contribuem com descrições fundamentadas em observação e análise minuciosa de padrões de uso da língua e sua frequência. A LC parte do pressuposto de que a língua é um sistema probabilístico (Berber Sardinha, 2000a, 2004), cujos padrões linguísticos emergentes e recorrentes das análises utilizando *corpora* mostram evidências empíricas do uso real da língua.

O QUE A LINGUÍSTICA DE *CORPUS* ESTUDA?

A LC é uma abordagem de estudos linguísticos que investiga a língua em uso por meio de *corpora*, ou coletâneas de textos. Ao contrário de outras abordagens, a LC coleta textos completos, em vez de selecionar apenas frases de interesse para o pesquisador. Isso permite determinar, por exemplo, a frequência de certas estruturas linguísticas na língua (por exemplo, a frequência de verbos de ligação). Selecionar apenas frases de interesse seria impraticável para grandes quantidades de dados, e pré-processar o *corpus* com ferramentas automáticas já exigiria coletar um *corpus* de textos completos. Além disso, coletar *corpora* completos possibilita investigar a variação entre textos e outros aspectos da língua (Biber, 1988; Berber Sardinha e Veirano Pinto, 2014, 2019).

Na LC, duas abordagens principais são distinguidas: "baseada em *corpus*" (*corpus-based*) e "guiada por *corpus*" (*corpus-driven*) (McEnery e Hardie, 2012; Berber Sardinha, 2000a). A abordagem baseada em *corpus* utiliza *corpora* para verificar e confirmar teorias e hipóteses preestabelecidas sobre o funcionamento da língua, enquanto a abordagem guiada pelo *corpus* busca observar e analisar padrões recorrentes e emergentes no uso da língua, a fim de fazer generalizações. Ambas as abordagens partem do princípio probabilístico do uso da língua (Berber Sardinha, 2000a, 2004) e requerem pressupostos teóricos ou metodológicos, não sendo independentes da atuação do pesquisador. Além disso, a LC pode ser vista tanto como uma teoria quanto como um método linguístico, como demonstrado por Shepherd (2009) em um levantamento de trabalhos na área.

Com base na visão probabilística da língua em uso (Berber Sardinha, 2000a, 2004), passamos a olhar o uso da língua como "probabilidade de atração mútua e coocorrência entre palavras nos textos" (Berber Sardinha, Delfino e Rampaso, 2017:2) e entendemos que o uso das características linguísticas ocorre formando regularidades sistemáticas, que podem ser descobertas usando métodos específicos.

QUAIS SÃO AS GRANDES LINHAS DE INVESTIGAÇÃO?

As linhas de pesquisa da LC abrangem uma variedade extensa de estudos, por exemplo: padronização lexical e fraseologia, variação de registro, análise do discurso, ensino de línguas e tradução.

A linha mais antiga de estudos na LC é a que se concentra na padronização lexical e fraseologia, tendo sido iniciada por Sinclair (1966) com o uso de computação para armazenamento e processamento de dados. O objetivo dessa linha é identificar padrões lexicais, que são sequências de palavras que coocorrem com mais frequência do que o esperado aleatoriamente, e determinar a sua relevância para a compreensão do funcionamento da língua (Berber Sardinha, 2020). Alguns trabalhos importantes nessa área incluem Hunston e Francis (2000), Berber Sardinha, Teixeira e São Bento Ferreira (2014), entre outros.

A linha sobre a variação de registro busca mapear a variação linguística entre variedades textuais. Destacam-se as pesquisas no âmbito da análise multidimensional (AMD) de Biber (1988) cujo objetivo é detectar as dimensões de variação de registro (variedades textuais), isto é, os conjuntos de características linguísticas correlacionadas que respondem pela variação intertextual (Berber Sardinha, 2000b). Entre os trabalhos dessa linha citamos Biber (1995), Conrad e Biber (2001); Berber Sardinha (2000b); Biber e Egbert (2018); Berber Sardinha e Veirano Pinto (2014, 2019); Berber Sardinha, Kauffmann e Meyer (2014); e Berber Sardinha (2018).

A linha de estudos sobre discurso procura descrever os discursos em torno de determinados temas por meio da LC. A metodologia empregada pelos estudos de discurso baseados em *corpora* varia, incluindo palavras-chave, padronização lexical e dimensões lexicais, entre outras. Destacamos aqui os trabalhos de Baker (2006), Friginal e Hardy (2021), Berber Sardinha (2021), Clarke, McEnery e Brookes (2021).

Na linha de ensino de línguas, utilizam-se *corpora* e ferramentas de análise de *corpus* como suporte para o aprendizado, geralmente de língua estrangeira. Essa linha remonta ao começo do século passado (Palmer, 1933), quando os computadores digitais ainda não existiam. Na era do computador digital, o trabalho considerado fundador dessa linha é Johns (1991), que apresentou o *data-driven learning* (DDL), metodologia de ensino baseada na descoberta de padrões lexicais pelos alunos. Destacamos os trabalhos de Johns (1991), Scott e Tribble (2006), O'Keefe, McCarthy e Carter (2007), Reppen (2010), Bennett (2010), Berber Sardinha (2013), Tavares Pinto (2013), Bocorny (2015), Berber Sardinha, Delfino e Rampaso (2017), Poole (2018), Delfino (2019), Bocorny e Welp (2021), Shimazumi (2021), O'Keeffe e McCarthy (2022) e Tavares Pinto et. al. (2023), entre outros.

Por fim, a linha de estudos da tradução enfoca o uso de *corpora*, ferramentas e conceitos da LC para a descrição do texto traduzido, sua relação com o texto-fonte, bem como o entendimento dos processos tradutórios. Destacamos os trabalhos de Baker (1995), Laviosa (2002), Resende (2019, 2021); Camargo (2007); Finatto et al. (2018); Silva e Fernandes (2020), entre outros.

É preciso enfatizar que outras frentes de pesquisa existem na LC, por exemplo, a interface com estudos literários e estilística (Kauffmann e Berber

106   A linguística hoje

Sardinha, 2021), *corpora* de aprendizes (Dutra e Berber Sardinha, 2013), cinema e televisão (Berber Sardinha e Veirano Pinto, 2019, 2021), redes sociais (Berber Sardinha, 2018, 2022a, b) e linguística forense (Berber Sardinha, 2009). Obras como Sinclair (1991), Biber, Conrad e Reppen (1998), Biber, Conrad e Reppen (2018), Berber Sardinha (2004), Berber Sardinha e Barbara (2009), McEnery e Hardie (2012), Raso e Mello (2014), Biber e Reppen (2015), oferecerem uma visão abrangente do campo.

QUE ESTUDOS PODEM SER DESENVOLVIDOS COM A LINGUÍSTICA DE *CORPUS*?

Nesta seção, apresentamos como a LC pode ser integrada ao ensino de linguística e linguística aplicada, envolvendo os estudantes em investigações sobre a língua em uso. Isso pode ser feito por meio de atividades que exploram *corpora* em sala de aula, permitindo que os estudantes analisem dados reais da língua em uso e desenvolvam suas habilidades em análise linguística. A integração da LC no ensino pode contribuir para uma compreensão mais profunda do funcionamento da língua e para o desenvolvimento de habilidades práticas em análise de dados linguísticos.

Aplicação da LC no ensino de línguas

A LC pode ser uma ferramenta valiosa para o ensino de inglês em sala de aula, especialmente quando se utiliza um *corpus* on-line como o COCA (*Corpus of Contemporary American English*). Essa abordagem permite que os estudantes assumam um papel mais autônomo e sejam responsáveis por suas próprias investigações linguísticas, trabalhando em conjunto com seus colegas ou individualmente.

Sequência didática: *fake* ou *false*?

Nos últimos anos, a palavra *fake* tornou-se popular na mídia, especialmente em conjunto com a palavra *news*, formando a expressão *fake news*. Muitos estudantes questionam se as palavras *fake* e *false*, que têm significados semelhantes, podem ser usadas da mesma maneira. Orientamos os estudantes a não considerarem a palavra isoladamente, mas sim em termos de preferências semânticas, ou seja, com quais outras palavras *fake* e *false* aparecem mais frequentemente e de que forma são utilizadas.

Iniciamos o trabalho ilustrando as palavras investigadas com exemplos de uso retirados do COCA *corpus*.

Observação 1:

Instruções: Observe a frequência de uso das palavras *fake* e *false*. Escolha "List", digite a palavra investigada na caixa de busca, selecione "Sections" e clique em "Find matching strings". Veja o que emerge dessa busca.

Figura 1 – *Fake* ou *false* – COCA List por Sections

	ALL	BLOG	WEB	TV/M	SPOK	FIC	MAG	NEWS	ACAD	1990-94	1995-99	2000-04	2005-09	2010-14	2015-19
FAKE	24892	4046	3688	5228	3376	3023	2916	2118	497	1534	1958	2345	2859	3286	5176

	ALL	BLOG	WEB	TV/M	SPOK	FIC	MAG	NEWS	ACAD	1990-94	1995-99	2000-04	2005-09	2010-14	2015-19
FALSE	41619	8675	8920	2693	4769	3047	4642	3918	4955	3639	4015	3757	3595	3595	5423

Fonte: COCA.

Observação 2:

Instruções: observe as palavras que acompanham mais frequentemente *fake* e *false* (seus colocados). Escolha "Collocates" e digite a palavra investigada na caixa de busca. Clique nos quatro números à direita do quadrado azul (representando a posição da palavra investigada, ou *node word*). Esse comando significa que queremos descobrir quais são as palavras (até 4 palavras) que aparecem mais frequentemente à direita de *fake* e *false*; e nenhuma palavra à sua esquerda (0L|4R). Clique em "Find collocates" e veja o que emerge dessa busca.

Figura 2 – *Fake* ou *false* - COCA Collocates

Fonte: COCA.

Análise:

Os estudantes são orientados a analisar os possíveis padrões linguísticos emergentes das buscas no *corpus*. Encorajamos um olhar analítico e crítico para fenômenos recorrentes que saltam aos olhos, um olhar cuidadoso para o uso natural, não marcado da língua.

Instruções: analise as informações extraídas do COCA sobre *fake* e *false*; a quais conclusões você consegue chegar? Veja com seu amigo os padrões que ele encontrou. São parecidos ou diferentes dos seus? Em que sentido? (adaptado de Delfino, 2019).

Tente responder às perguntas abaixo:

1. Com base na Figura 1, qual dessas palavras é a mais frequente e em qual registro?
2. Ainda analisando a Figura 1, em qual registro *fake* ou *false* é muito pouco frequente se comparada a outros registros? Por que isso se dá?
3. Analisando cuidadosamente a Figura 2, quais palavras acompanham mais frequentemente *fake* e *false*?
4. Os colocados diferem em sua natureza: quais grupos de palavras são mais abstratos? Quais grupos de palavras se referem a algo específico? Perceba que a lista de colocados varia de tamanho conforme a frequência com que *fake* e *false* são usadas, ou seja, quanto mais usada for a palavra, mais colocados serão listados.

Entendimento:

Nessa fase, os estudantes procuram entender suas descobertas acerca do funcionamento da língua e seus possíveis padrões de uso.

Instruções: com base nas investigações sobre *fake* e *false*, complete o quadro, escolhendo uma das alternativas entre parênteses a cada vez:

Quadro 1 – Inferindo o uso de *fake* ou *false*

Fake ou *false*?

Segundo os dados mostrados pelo COCA *corpus*, *(Fake|False)* possui 24.892 ocorrências, enquanto *(Fake|False)* aparece 41.619 vezes, sendo, portanto, mais frequente. *(Fake|False)* é mais frequentemente utilizada em TV/Mídia (5.228 vezes), seguido de BLOG e WEB; *(Fake|False)* aparece mais frequentemente na WEB (8.920 vezes) seguida de BLOG. *Fake (e|ou) False* foram mais frequentemente utilizadas nas décadas de 2015 a 2019. Um aspecto interessante é a pouca frequência de uso da palavra *(Fake|False)* em contextos acadêmicos (ACAD, totalizando apenas 497 ocorrências), se comparada com *(Fake|False)* (ACAD, com 4.955), gerando discussão sobre a disseminação de informações e resultados de pesquisas pelas comunidades científicas.

Quanto ao seu uso, *(Fake|False)* é acompanhada mais frequentemente por substantivos concretos, por exemplo: *news, name(s), blood, ID(s), smile*, enquanto *(Fake|False)* é seguida por substantivos mais abstratos tais como: *statement(s), claim(s), information, alarm, security, hope, accusations, starts, pretenses, impression(s)*, sendo muitas dessas palavras cognatos do português.

Linguística de *corpus* 111

Quadro 2 – Inferindo o uso de *fake* ou *false* | Respostas

Fake ou *false*?

Segundo os dados mostrados pelo COCA *corpus*, *(FAKE|False)* possui 24.892 ocorrências, enquanto *(Fake|FALSE)* aparece 41.619 vezes, sendo, portanto, mais frequente. *(FAKE|False)* é mais frequentemente utilizada em TV/Mídia (5.228 vezes), seguido de BLOG e WEB; *(Fake|FALSE)* aparece mais frequentemente na WEB (8.920 vezes) seguida de BLOG. *Fake (e | ou) False* foram mais frequentemente utilizadas nas décadas de 2015 a 2019. Um aspecto interessante é a pouca frequência de uso da palavra *(FAKE|False)* em contextos acadêmicos (ACAD, totalizando apenas 497 ocorrências), se comparada com *(Fake|FALSE* (ACAD, com 4.955) gerando discussão sobre a disseminação de informações e resultados de pesquisas pelas comunidades científicas. Quanto ao seu uso, *(FAKE|False)* é acompanhada mais frequentemente por substantivos concretos, por exemplo: *news, name(s), blood, ID(s), smile*, enquanto *(Fake|FALSE)* é seguida por substantivos mais abstratos tais como: *statement(s), claim(s), information, alarm, security, hope, accusations, starts, pretenses, impression(s)*, sendo muitas dessas palavras cognatos do português.

Aplicação da LC na análise linguística da tradução:

Apresentamos uma atividade de tradução usando duas ferramentas da LC disponíveis on-line de forma gratuita e com usabilidade amigável. O COMPARA (https://www.linguateca.pt/COMPARA/), um *corpus* paralelo bidirecional do português e inglês, e o COPA-TRAD (https://copa-trad.ufsc.br/), um *corpus* paralelo de tradução com textos alinhados em seis idiomas, português, alemão, espanhol, francês, inglês e italiano. Diferentemente do COMPARA que tem apenas textos literários, o COPA-TRAD inclui textos de registros variados, como legendas, textos técnicos, jurídicos e literatura infanto-juvenil (Silva e Fernandes, 2020).

O exemplo a seguir baseia-se na análise da tradução da expressão *supposed to* para o português usando o COPA-TRAD e o COMPARA.

112 A linguística hoje

Sequência didática: *supposed to*

Observação:

Os estudantes em duplas ou trios são orientados a preencherem os espaços em branco com uma tradução para a expressão *supposed to* utilizando a intuição ou consultando um dicionário para completar a tradução (adaptado de Silva e Cunha, 2015). Em seguida, o estudante compara a tradução proposta com a busca feita na plataforma COPA-TRAD (Figura 3).

Instruções:

Preencha os espaços em branco com uma tradução apropriada para *supposed to*. Ao terminar compare os resultados no COPA-CONC (busca simples).

Análise:

Enquanto os estudantes preenchem as lacunas em branco da página de exercício e sugerem traduções, é solicitado que eles anotem as escolhas para posterior comparação com os resultados do *corpus*, discutam as opções de tradução com seus colegas e observem as estruturas dos trechos de partida (texto fonte) e de chegada (texto traduzido).

Figura 3 – Atividade de tradução com a expressão *supposed to*

'Sybill Trelawney, Divination teacher,' Harry read. 'How're we **supposed to** get up there?	– Sibila Trelawney, Professora de Adivinhação – leu Harry. – _____?
So they put their things away and headed out of the portrait hole, glad not to meet anybody on their way to the front doors, as they weren't entirely sure they were **supposed to** be out	Então eles guardaram o material de estudo e se dirigiram ao buraco do retrato, felizes por não encontrar ninguém no caminho até a porta principal, porque_____.
His potion, which was **supposed to** be a bright, acid green, had turned…	Sua poção, _____tinha acabado…
'Ron!' said Hermione. 'Harry's **supposed to** stay in school-	– Rony!– exclamou a garota. – Harry _____

As opções apresentadas pelos estudantes geralmente seguem uma tradução mais literal, como, por exemplo, *supor* ou *presumir*. Depois de discutir com os estudantes sobre as possibilidades de resposta, incentivamos a busca na plataforma COPA-TRAD (Figura 4).

Linguística de *corpus* 113

Figura 4 – Resultados para tradução da expressão *supposed to* no COPA-TRAD

'Sybill Trelawney, Divination teacher,' Harry read. 'How're we supposed to get up there? 🕮 📄 Type: 13 | Token: 13 | Ratio: 100% ❶	– Sibila Trelawney, Professora de Adivinhação – leu Harry. – E como e que esperam que a gente chegue lá em cima? 🕮 📄 Type: 19 | Token: 22 | Ratio: 86.3636% ❶
So they put their things away and headed out of the portrait hole, glad not to meet anybody on their way to the front doors, as they weren't entirely sure they were supposed to be out. 🕮 📄 Type: 30 | Token: 36 | Ratio: 83.3333% ❶	Então eles guardaram o material de estudo e se dirigiram ao buraco do retrato, felizes por não encontrar ninguém no caminho até a porta principal, porque não tinham tanta certeza assim de que podiam sair. 🕮 📄 Type: 33 | Token: 35 | Ratio: 94.2857% ❶
His potion, which was supposed to be a bright, acid green, had turned – 🕮 📄 Type: 14 | Token: 14 | Ratio: 100% ❶	Sua poção, que devia ter ficado verde ácido e berrante, tinha acabado... 🕮 📄 Type: 12 | Token: 12 | Ratio: 100% ❶
'Ron!' said Hermione. 'Harry's supposed to stay in school- 🕮 📄	– Rony!– exclamou a garota. – Harry tem que ficar na escola... 🕮 📄

Fonte: COPA-TRAD.

É possível identificar o segmento em inglês e a tradução equivalente alinhados linha a linha. O termo de busca aparece destacado na primeira coluna e, ao clicar nos dois pequenos símbolos logo abaixo de cada um dos segmentos, são fornecidos o título da obra, o autor, o tradutor e o contexto de onde o trecho foi extraído.

Entendimento:

Para motivar as discussões sobre as informações apresentadas pela Figura 4, o docente pode fazer as seguintes perguntas:

1. Você manteria suas escolhas tradutórias?
2. É possível notar a diversidade de possibilidades que um *corpus* paralelo pode trazer para apenas uma palavra?

Os estudantes são incentivados a realizar a mesma atividade utilizando a outra ferramenta disponível, o COMPARA. O objetivo é seguir os mesmos passos da atividade anterior e comparar a usabilidade e o potencial das duas ferramentas. Vale lembrar que o *corpus* da primeira ferramenta é composto por textos de gêneros variados, como técnicos, jurídicos, legendas e literatura infanto-juvenil, enquanto o COMPARA possui apenas textos literários. Os estudantes são orientados a analisar tanto o uso da expressão no texto de partida quanto as soluções de tradução apresentadas nos textos de chegada. Um diferencial do COMPARA é a possibilidade de saber quem é o autor do texto de partida e quem é o autor da tradução.

114 A linguística hoje

Figura 5 – Resultado da busca por *supposed to* no COMPARA

PMMC2(472):	`Am I supposed to call you Comrade Uncle?` I asked.	– E agora – perguntei –, lhe chamo de camarada tio?
PMMC2(1181):	But he didn't even know what secrets he was **supposed to** drag out of the old man.	Mas nem ele sabia que segredos devia arrancar do velho.
PPEQ2(958):	I could already feel in my wandering finger the weariness of a long journey; I paused on the tortuous bank of a river which I **supposed to** be the holy Jordan.	O meu dedo errante sentia já o cansaço de uma longa jornada: e parei à beira tortuosa de um rio, que devia ser o devoto Jordão.
PPJS1(1199):	And how am I **supposed to** work?	E como é que eu vou trabalhar?
PPJS1(2189):	it seemed to me that there was a country house there which, though **supposed to** belong to the navy, didn't really belong to the armed forces at all.	E parecia-me que aquilo era uma quinta que se chamava da Marinha, mas não que pertencesse à Armada.
PPJSA1(1332):	I mustn't forget that I'm **supposed to** be blind, the doctor's wife thought to herself	Não me posso esquecer de que estou cega, pensou a mulher do médico,
PPL	*Ensaio Sobre a Cegueira - Blindness* José Saramago [tradução de Giovanni Pontiero] ing a story.	Não se deveria rir, aquela era a sua forma de contar.
PPLJ1(295):	That's where the maid was **supposed to** sit.	Era aí que a mainata se deveria sentar.
PPLJ1(310):	At about that time, he had gone so far as to insert the blade of a knife through the middle of his mouth, letting some blood trickle down so that Helen could see and understand what she was **supposed to** do.	Nessa altura, ele tinha chegado a entalar uma lâmina de faca no meio da boca, deixado que por ela escorresse um fio de sangue para que Helena visse e entendesse o que deveria fazer.

Fonte: COMPARA.

Entendimento:

Como parte da etapa de discussões, os estudantes debatem algumas das estratégias de tradução utilizadas pelos tradutores dos textos, tais como omissão, acréscimo, adaptação e outras estratégias (Resende e Fernandes, 2018). Os resultados podem ser comparados com as escolhas dos estudantes feitas durante a primeira etapa da aula, quando discutiram a tradução da expressão *supposed to*. No caso dessa expressão, o COMPARA apresenta um total de 79 ocorrências, e apenas três delas traduzem *supposed to* como *supor* ou *suposto*. Em conclusão, a sequência didática visa orientar os estudantes a se inspirarem nas opções do *corpus* para aprimorar suas traduções.

O QUE EU PODERIA LER PARA SABER MAIS?

Sugerimos a leitura de algumas publicações para um aprofundamento nas questões abordadas neste capítulo. Para uma perspectiva geral em língua portuguesa, recomendamos Berber Sardinha (2000, 2004, 2012), Berber Sardinha et al. (2023), Dutra e Mello (2012), Finatto et al. (2015), Ibanos et al. (2015), Raso e Mello (2014), Shepherd et al. (2012) e Tagnin e Vale (2008). Em língua inglesa, sugerimos Sinclair (1991), Biber, Conrad e Reppen (1998), Biber e Reppen (2015), O'Keeffe e McCarthy (2022), Berber Sardinha e São Bento Ferreira (2014) e Berber Sardinha e Veirano Pinto (2014, 2019, 2021).

Referências

BAKER, M. Corpora in translation studies: an overview and some suggestions for future research. *Target*. v. 7, 1995, pp. 223-243.

BAKER, P. *Using corpora in discourse analysis*. Londres: Bloomsbury, 2006.

BENNETT, G.R. *Using corpora in the language classroom:* corpus linguistics for teachers. Michigan: The University of Michigan Press, 2010.

BERBER SARDINHA, T. Linguística de corpus: histórico e problemática. *DELTA*. v. 16, n. 2, 2000a, pp. 323-367.

BERBER SARDINHA, T. Análise Multidimensional. *DELTA*. v. 16, n. 1, 2000b, pp.99-127.

BERBER SARDINHA, T. *Linguística de corpus*. Barueri, SP: Editora Manole, 2004.

BERBER SARDINHA, T. Linguística de corpus. In: GONÇALVES, A.; GÓIS, M. L. d. S. (orgs.). *Ciências da linguagem*: o fazer científico. Campinas: Mercado de Letras, 2012.

BERBER SARDINHA, T. Teaching grammar and corpora. In C. CHAPELLE (org.). *The encyclopedia of applied linguistics*. Hoboken, NJ: Wiley, 2013, pp. 5578-5584.

BERBER SARDINHA, T. Dimensions of variation across Internet registers. *International Journal of Corpus Linguistics*. v. 23, n. 2, 2018, pp. 125-157.

BERBER SARDINHA, T. Lexicogrammar. In C. CHAPELLE (org.). *The concise encyclopedia of applied linguistics*. Hoboken, NJ: Wiley, 2020, pp. 701-705.

BERBER SARDINHA, T. Discourse of academia from a multi-dimensional perspective. In: FRIGINAL, E.; HARDY, J. (orgs.). *The Routledge handbook of corpus approaches to discourse analysis*. Routledge, 2021, pp. 298-318.

BERBER SARDINHA, T. A text typology of social media. *Register Studies*. v. 4, n. 2, 2022a, pp. 138-170.

BERBER SARDINHA, T. Corpus linguistics and the study of social media: a case study using multi-dimensional analysis. In: O'KEEFFE, A.; MCCARTHY, M. (orgs.). *The Routledge handbook of corpus linguistics*. Londres: Routledge, 2022b, pp. 656-674.

BERBER SARDINHA, T. Corpora. In: REPPEN, R.; GOULART, L.; BIBER, D. (orgs.). *The Cambridge handbook of corpus linguistics*. Cambridge: Cambridge University Press, no prelo.

BERBER SARDINHA, T., KAUFFMANN, C.; MEYER, C. A multidimensional analysis of register variation in Brazilian Portuguese. *Corpora*. v. 9, n. 2, 2014a. pp. 239-271.

BERBER SARDINHA, T., VEIRANO PINTO, M., KAUFFMANN, C., SHIMAZUMI, M., RESENDE, S. V., VEIGA, A. T.; COSTA, A. C. A. Linguística de corpus. In: GONÇALVES, A.; GÓIS, M. L. d. S. (orgs.). *Ciências da linguagem*: o fazer científico (2ª edição). Campinas: Pontes, 2023.

BERBER SARDINHA, T.; BARBARA, L. Corpus linguistics. In: BARGIELA-CHIAPINI, F. (org.). The handbook of business discourse. Edinburgh University Press, pp.105-118.

BERBER SARDINHA, T.; DELFINO, M. C.; RAMPASO, M. Preparação de material didático para ensino de línguas com base em *corpora*. The *ESP*ecialist. v. 38, n. 1, 2017, pp. 1-14.

BERBER SARDINHA, T.; TEIXEIRA, R. de B. S.; SÃO BENTO FERREIRA, T. de L. Lexical Bundles in Brazilian Portuguese. In: BERBER SARDINHA, T.; SÃO BENTO FERREIRA, T. de L. (orgs.). *Working with Portuguese corpora*. Londres: Bloomsbury, 2014, pp. 33-68.

BERBER SARDINHA, T.; VEIRANO PINTO, M. Dimensions of variation across American television registers. *International Journal of Corpus Linguistics*. v. 24, n. 1, 2019, pp. 3-32.

BERBER SARDINHA, T.; VEIRANO PINTO, M. A linguistic typology of American television. *International Journal of Corpus Linguistics*. v. 26, n. 1, 2021, pp. 127-160.

BIBER, D. *Dimensions of register variation:* a cross-linguistic comparison. Cambridge: Cambridge University Press, 1995.

BIBER, D. *Variation across speech and writing*. Cambridge: Cambridge University Press, 1988.

BIBER, D.; CONRAD, S; REPPEN, R. *Corpus linguistics*: investigating language structure and use. New York: Cambridge University Press, 2018.

BIBER, D.; EGBERT, J. *Register variation online*. Cambridge: Cambridge University Press, 2018.

BIBER, D.; REPPEN, R. (orgs.). *The Cambridge handbook of English corpus linguistics*. Cambridge: Cambridge University Press, 2015.

BOCORNY, A. E. P. A utilização de um corpus de operações aeronáuticas (COPAER) para a descrição da linguagem de especialidade da AVIAÇÃO: subsídios para o ensino de ESP. In: IBANOS, A. M. T.; MOTTIN, L. P.; SARMENTO, S.; BERBER SARDINHA, T. (orgs.). *Pesquisas e perspectivas em linguística de corpus*. Campinas: Mercado de Letras, 2015, pp. 373-406.

116 A linguística hoje

BOCORNY, A. E. P.; WELP, A. K. S. O desenho de tarefas pedagógicas para o ensino de inglês para fins acadêmicos: conquistas e desafios da linguística de corpus. *Revista de Estudos da Linguagem*. v. 29, n. 2, 2021, pp.1529-1638.

CAMARGO, D. C. d. *Metodologia de pesquisa em tradução e linguística de corpus*. São José do Rio Preto: Laboratório Editorial do Ibilce, 2007.

CLARKE, I.; MCENERY, T.; BROOKES, G. *Multiple correspondence analysis, newspaper discourse and subregister*: a case study of discourses of Islam in the British press. *Register Studies*. v. 3, n. 1, 2021, pp.144-171.

CONRAD, S.; BIBER, D. (orgs.). *Variation in English*: multi-dimensional studies. Londres: Longman, 2001.

DELFINO, M.C.N. O uso de música para o ensino de inglês como língua estrangeira em um ambiente baseado em *corpus*. *Palimpsesto*. v. 18, n. 31, 2019, pp. 250-289.

DUTRA, D. P.; BERBER SARDINHA, T. Referential expressions in English learner argumentative writing. In: GRANGER, S.; GILQUIN, G.; MEUNIER, F. (orgs.). *Twenty years of learner corpus research*: looking back, moving ahead. Louvain: Presses universitaires de Louvain, 2013, pp. 117-127.

DUTRA, D. P.; MELLO, H. R. (orgs.). *Anais do X Encontro de Linguística de Corpus*: aspectos metodológicos dos estudos de corpora. Belo Horizonte: Faculdade de Letras da UFMG, 2012.

FINATTO, M. J. B.; REBECHI, R. R.; SARMENTO, S.; BOCORNY, A. E. P. (orgs.) *Linguística de corpus*: perspectivas. Porto Alegre: Instituto de Letras – UFRGS, 2018.

FRIGINAL, E.; HARDY, J. (orgs.). *Routledge handbook of corpus approaches to discourse analysis*. Londres: Routledge, 2021.

HUNSTON, S.; FRANCIS, G. *Pattern grammar*: a corpus-driven approach to the lexical grammar of English. Amsterdã: John Benjamins, 2000.

IBANOS, A. M. T.; MOTTIN, L. P.; SARMENTO, S.; BERBER SARDINHA, T. (orgs.). *Pesquisas e perspectivas em linguística de corpus*. Campinas: Mercado de Letras, 2015.

JOHNS, T. Should you be persuaded: two examples of data-driven learning. *ELR Journal*, 4, 1991, pp. 1-16.

KAUFFMANN, C.; BERBER SARDINHA, T. Brazilian Portuguese literary style. In: E. FRIGINAL; J. HARDY (orgs.). *The Routledge handbook of corpus approaches to discourse analysis*. Londres: Routledge, 2021, pp. 354-375.

LAVIOSA, S. *Corpus-based translation studies*: theory, findings, applications. Rodopi, 2002.

MCENERY, A.; WILSON, A. *Corpus linguistics*. Edinburgh: Edinburgh University Press, 2006.

O'KEEFFE, A.; MCCARTHY, M. (orgs.) *The Routledge handbook of corpus linguistics*. 2. ed. Cambridge: Cambridge University Press, 2022.

O'KEEFFE, A.; MCCARTHY, M.; CARTER, R. *From corpus to classroom:* language use and language teaching. Cambridge: Cambridge University Press, 2007.

PALMER, H. E. *The second interim report on English collocations*. Tokyo: Kaitakusha, 1933.

POOLE, R. *A guide to using corpora for English language learners*. Edinburgh: Edinburgh University Press, 2018.

RASO, T.; MELLO, H. C-ORAL-BRASIL: Description, methodology and theoretical framework. In: BERBER SARDINHA, T.; SÃO BENTO FERREIRA, T. de L. (orgs.). Working with Portuguese corpora. Londres: Bloomsbury, 2014, pp. 257-276.

REPPEN, R. *Using corpora in the language classroom*. Cambridge: Cambridge University Press, 2010.

RESENDE, S. V. *Dimensões de variação do texto traduzido: uma abordagem multidimensional*. São Paulo, 2019. Tese de Doutorado – LAEL – PUCSP, 2019.

RESENDE, S. V. Dimensões de variação do texto traduzido. In: SERPA, T.; SILVA, E. B.; TAVARES PINTO, P. (orgs.). *Corpora, tecnologias e web 3.0*: leituras e práticas para o ensino de línguas e tradução. São Paulo: Pontes Editores, 2021, pp. 223-272.

RESENDE, S. V.; FERNANDES, R. A. O tradutor experiente e novato e a tradução de textos institucionais: um estudo de caso. *Transversal*. v. 4, n. 8, 2018, pp. 110-135.

SCOTT, M.; TRIBBLE, C. *Textual patterns*: key words and corpus analysis in language education. John Benjamins, 2006.

SHEPHERD, T.; BERBER SARDINHA, T.; VEIRANO PINTO, M. (orgs.). *Caminhos da linguística de corpus*. Campinas: Mercado de Letras, 2012.

SHEPHERD, T.M.G. O estatuto da linguística de corpus: metodologia ou área da linguística? *Matraga*. v. 16, n. 24, 2009, pp.150-172.

SHIMAZUMI, M. Repensando nossa prática de ensino com base na linguagem em uso: from 'Television English' to 'Television Englishes'. In: DALPINO, M. e D'ESPOSITO, M. E. (orgs.). *Formação de professores de língua inglesa na contemporaneidade:* desafios, possibilidades e reflexões. São Paulo: Macmillan Education do Brasil, 2021, pp.118-133.

SILVA, C. E. D.; Fernandes, L. P. Apresentando o COPA-TRAD Versão 2.0. Um sistema com base em corpus paralelo para pesquisa, ensino e prática da tradução. *Ilha do Desterro.* v. 73, 2020, pp. 297-316.

SILVA, C.E.D.; CUNHA, R. Curso: Copa-Trad - um conjunto de ferramentas para a pesquisa, ensino e prática de tradução. X Semana Acadêmica de Letras de 25 a 29 de maio de 2015.

SINCLAIR, J. M. Beginning the study of lexis. In: C. E. BAZELL (org.). *In Memory of J. R. Firth.* Londres: Longman, 1966, pp. 410-430.

SINCLAIR, J. M. *Corpus, concordance, collocation.* Oxford: Oxford University Press, 1991.

TAGNIN, S.; VALE, O. A. (orgs.). *Avanços da linguística de corpus no Brasil.* São Paulo: Humanitas, 2008.

TAVARES PINTO, P. Instrumento e atividades realizadas para a coleta de um corpus de aprendizes em língua inglesa para integrar o Br-ICLE (The Brazilian Portuguese Sub-corpus of ICLE). *Estudos Linguísticos.* v.1, 2013, pp. 312-322.

TAVARES PINTO, P.; CROSTHWAITE, P.; CARVALHO, C. T. d.; SPINELLI, F.; SERPA, T.; GARCIA, W.; OTTAIANO, A. O. *Using language data to learn about language:* a teachers' guide to classroom corpus use. Brisbane: University of Queensland, 2023.

Linguística do discurso

Carlos Piovezani
Sírio Possenti

O QUE É A LINGUÍSTICA DO DISCURSO?

O termo "discurso" passou a frequentar cada vez mais diversas áreas dos estudos linguísticos a partir do final da década de 1950. Desde então, teorias da enunciação, análises da conversação, linguísticas de texto e várias abordagens pragmáticas e interacionistas se interessaram pela linguagem em uso, pelas situações de fala e por elementos que ultrapassam os limites das frases. A fala e o texto se tornaram objetos centrais desses campos da linguística, e o discurso é por eles concebido como algo que extrapola as fronteiras da língua, que concerne a fatores culturais, sociais ou cognitivos da significação e que remete a sequências linguísticas produzidas em contextos concretos.

No plano da significação, essas vertentes da linguística constataram que a produção dos sentidos decorre de relações entre as formas linguísticas empregadas nos textos e as circunstâncias em que eles são produzidos. *Grosso modo*, essa concepção e outros aspectos relativos à dimensão "extralinguística" haviam sido frequentemente descurados por abordagens anteriores, cuja preocupação fundamental era a descrição das unidades fonológicas, morfológicas e sintáticas e de suas regras de combinação nos diversos sistemas linguísticos.

Um campo que privilegia o discurso como objeto é a análise do discurso (AD). Embora possa se assemelhar a essas disciplinas linguísticas, por várias razões, a AD se distingue destas últimas. A primeira dessas razões é que ela somente se interessa por dados empíricos, como textos e enunciados, na medida em que eles são uma via de acesso aos discursos. A segunda diz respeito ao fato de que a AD recusa a noção individualista de "falante" e propõe a de "sujeito", pois concebe quem fala como entidade envolvida em processos históricos e relações sociais. A terceira reside na diferença entre "contexto" ou "situação de fala", tal como essas noções são compreendidas por essas disciplinas, e "condições de produção" do discurso, tal como a AD as entende, isto é, como algo cujos elementos contextuais são sobredeterminados pela história e pela sociedade. Além dessas e de outras razões, há ainda o modo singular como a AD concebe a produção dos sentidos.

A despeito desse seu escopo semântico, a AD não surge como uma área da linguística *stricto sensu*. Nesse sentido, não haveria uma "linguística do discurso". A AD começa a se desenvolver nos anos de 1960, no interior de um movimento conhecido como estruturalismo. Esse movimento questiona a ideia de que o ser humano está no centro do mundo, na origem e no controle de seus próprios atos, para sustentar que há estruturas que o precedem e o constituem, uma vez que elas condicionam seu pensamento, suas práticas e suas interlocuções. O princípio da linguística moderna de que, antes da fala, há um sistema linguístico, constituído de unidades, de relações entre elas e de regras que permitem umas e interditam outras de suas combinações consistiu numa das bases do pensamento estruturalista.

Sustentando a tese de que as ideologias que circulam numa sociedade se materializam privilegiadamente nos discursos e de que estes se materializam privilegiadamente em usos da língua, Michel Pêcheux (1990) postulou a necessidade de um campo que se dedicasse à análise da discursividade, considerando o fato de que ela é composta de processos, condições e elementos sociais, linguísticos e inconscientes. Por essa razão, a análise do discurso foi concebida no interior do materialismo histórico, a cujos princípios se articularam fundamentos e métodos da linguística e da psicanálise. Para Pêcheux, o discurso não corresponde ao caráter universal da língua, cujas unidades e regras de combinação são as mesmas para todos os seus falantes, nem à condição individual da fala, que é singular em cada uma de suas manifestações. O discurso se situa, antes, "num nível intermediário" (Pêcheux, 1990: 74) entre a universalidade da língua e a individualidade da fala e consiste numa prática regular, que materializa as ideologias e que é determinada pela luta de classes.

Em função dos distintos sistemas de produção e, por extensão, das diferentes classes e grupos de uma sociedade, há diversas formações sociais. Por sua vez, elas compreendem várias formações ideológicas: cada uma destas envolve um conjunto de práticas e ideias que "não são nem 'individuais' nem 'universais', mas que se referem mais ou menos diretamente a 'posições de classe' em conflito umas com as outras". Essas formações ideológicas comportam, necessariamente, como uma de suas componentes, "uma ou várias *formações discursivas* interligadas, que determinam *o que pode e deve ser dito*, a partir de uma dada posição numa dada conjuntura" (Pêcheux, 2011: 72-73).

Os discursos materializam as ideologias, controlam o que dizem os sujeitos e produzem os sentidos dos enunciados. Para a AD, "as palavras mudam de sentido segundo as posições sustentadas por aqueles que as empregam", isto é, elas "mudam de sentido ao passar de uma formação discursiva para outra" (Pêcheux, 2011: 73). Os sentidos não são inerentes às formas linguísticas, a linguagem não é transparente nem seus usos são neutros. Essas formas recebem seu sentido das formações discursivas nas quais são produzidas, conforme afirma Pêcheux.

O discurso é, portanto, a matriz de produção dos sentidos. Podemos dizer a "mesma" coisa e produzir sentidos distintos e mesmo opostos, assim como podemos dizer coisas diferentes e produzir os "mesmos" sentidos. Além disso, em seus sucessivos avanços, a AD consolidou a ideia de que variações nas formas linguísticas dos enunciados, tais como seleções lexicais, modalidades enunciativas, disposições sintáticas (voz ativa ou voz passiva em orações, SVO ou tópico e comentário na ordenação de seus constituintes, orações subordinadas adjetivas restritivas ou explicativas) e registros de linguagem distintos, produzem sentidos com nuances diversas.

O que é dito não pode ser isolado dos modos de dizer. As formas e combinações linguísticas dos enunciados são constitutivas da produção de seus sentidos. Com a consolidação desse princípio, embora não tenha surgido como uma disciplina linguística e não tome a língua como seu objeto, a AD pode ser concebida como uma linguística do discurso.

O QUE A LINGUÍSTICA DO DISCURSO ESTUDA?

Em contrapartida, poderíamos dizer que não há uma linguística discursiva, se considerarmos que nenhuma estrutura da língua está associada exclusiva e definitivamente a um determinado discurso (religioso, jurídico, de esquerda, de direita etc.). As regras sintáticas são as mesmas, por exemplo, em

(1) Eu *leio* todos os dias.
(2) Eu *rezo* todos os dias.
(3) Eu *oro* todos os dias.

122 A linguística hoje

Do ponto de vista linguístico, essas são frases do português, e qualquer um de seus falantes pode formulá-las.

Por outro lado, constatamos que nem todos os falantes dizem essas frases. *Leitores* podem dizer (1), *católicos* tendem a dizer (2) e *pentecostais*, (3). Assim, poderíamos afirmar que há relações entre elementos da língua e determinados discursos. Além desses exemplos, há muitos itens lexicais associados a campos ou a ideologias. Palavras ou expressões como "crime", "roubo", "furto", "invasão/ocupação", "homofobia", "excesso de gastos", "empreendedorismo" etc. são típicos de determinados discursos e praticamente proibidos em outros.

Além disso, há expressões de tipo diverso que também se associam a um discurso mais que a outros: "cidadão de bem", "desenvolvimento sustentável", "favela/comunidade", "responsabilidade fiscal/social" etc. têm efeitos de sentido específicos. Ou seja, não há nessas formas linguísticas apenas um "sentido literal" (INVASÃO: ato de invadir), mas elas costumam estar associadas a grupos sociais e a práticas ideológicas. Assim, de tudo o que é dizível em uma língua, só uma parte é enunciável para os sujeitos de classes e grupos sociais distintos. Essa constatação é importante, porque um dos objetivos da AD é determinar a relação entre o que é dito e os sujeitos de uma sociedade, se são religiosos ou não, se são liberais ou conservadores, veganos ou carnívoros.

Uma das teses da AD é a da autonomia relativa da língua, que diz respeito ao fato de que ela tem uma ordem própria em seus diversos níveis (fonologia, morfologia, sintaxe). Mas, como vimos, determinadas palavras e expressões ou ainda certos enunciados tendem a circular em condições históricas específicas, em alguns campos discursivos e em algumas ideologias. Eis alguns exemplos desse fenômeno.

A palavra "empregabilidade" deriva de "empregável" (que, por sua vez, deriva de "empregar"), segundo regras morfológicas da língua portuguesa: acréscimo de **-vel** ao verbo "empregar"; acréscimo de **-idade** ao adjetivo "empregável"; e transformação de "v" em "b" (como em "amável → amabilidade e flexível → flexibilidade"). Por outro lado, ela surge e circula em condições históricas nas quais o mercado de trabalho passa a exigir novas qualificações da mão de obra. Assim, empregado ou desempregado, o cidadão passa a ser avaliado como portador ou não de determinada formação profissional, técnica ou intelectual, que o tornaria capacitado a obter ou a manter um emprego em novos tipos de atividade (por exemplo, ligados às novas tecnologias). O uso de "empregabilidade" desloca o foco da empresa (ela gera ou não empregos) para o cidadão (ele está ou não apto para o emprego).

Linguística do discurso **123**

A AD analisa frequentemente uma quantidade grande de textos oriundos da mesma conjuntura. Pode ser uma campanha política ou uma polêmica (por exemplo, sobre reformas econômicas). Um dos procedimentos de análise é "descobrir" os enunciados aceitos em cada posição (a favor ou contra determinadas reformas). Nos textos, pode ser que os enunciados não estejam explicitamente formulados. Cabe ao analista explicitá-los com base em alguma teoria linguística. Se o texto diz "para fazer as reformas de que o país precisa", o analista explicitará o enunciado "o país precisa de (das, dessas) reformas", e em seguida mostrará que esse enunciado expressa determinada ideologia.

Talvez o melhor exemplo de análise com base em aspectos gramaticais e lexicais seja o que Pêcheux (1997) propôs para o enunciado *"On a gagné"*, que se traduz aproximadamente por "A gente ganhou". Originalmente, esta é uma manifestação de torcedores de futebol franceses que comemoram a vitória de seu time. Mas, em 1981, ela foi entoada nas ruas de Paris e na praça da Bastilha, para comemorar a vitória de François Mitterand na eleição presidencial na França. Para lhe dar uma interpretação naquela conjuntura política, Pêcheux procede da seguinte maneira: a) mostra que *"on"* (forma semelhante ao nosso "se" e ao nosso "a gente") não tem referente claro (não diz quem ganhou); b) o verbo "ganhar" pode ter diversos sentidos (ganhar um sorteio, ganhar uma competição, ganhar um presente etc.); ou seja, não fica claro o sentido de "ganhar"; c) como o verbo "ganhar" é transitivo direto e o complemento não está explícito, o enunciado não diz o que "se ganhou": as eleições? O poder? A chance de mudar o país? Uma coisa é ganhar o governo, e outra é ganhar o poder de governar.

A análise gramatical mostra que o sentido do enunciado é vago, que os anos de governo talvez deixem claro quem ganhou, o que "se" ganhou e em que sentido. O exemplo ilustra bem uma tese de Jean-Jacques Courtine, segundo a qual o analista de discurso deve ser linguista e deixar de sê-lo ao mesmo tempo. Especialmente no que se refere ao sentido, constatamos que ele não se esgota no léxico e na sintaxe.

Uma definição puramente linguística de "flexibilização" é "ato ou efeito de flexibilizar". Mas não é este o sentido da palavra num debate sobre reforma trabalhista. Inclusive, ele é diferente para quem a defende (é preciso *adequar* a legislação aos novos regimes de trabalho) e para quem a critica (é uma maneira de *diminuir os direitos* dos trabalhadores). A propósito, o emprego de palavras como essa (um nome derivado de um verbo de ação) tem o efeito de não explicitar quem flexibiliza, como se a ação ocorresse sem agente.

124 A linguística hoje

Como uma das finalidades da AD é associar palavras, enunciados, textos ou conjuntos de textos a uma determinada posição, às vezes, essa tarefa é facilitada pelas fontes desses dados ou por alguns outros indícios. Por exemplo, um jornal ligado a uma confissão religiosa ou a um partido político fornecerá boas pistas para essa constatação. Enunciados como "defendemos/combatemos pesquisas com canabidiol", "somos favoráveis/contrários à mudança da maioridade penal", ou ainda "somos contra/a favor da presença do Estado na vida dos cidadãos" fornecem a possibilidade de determinar posicionamentos do grupo que um jornal representa.

Eventualmente, a descoberta de uma ideologia exige "arriscar" uma interpretação. Se um político diz que "quilombolas pesavam sete arrobas", dado que arroba é uma medida de peso para animais, seu uso implica uma animalização dos referidos cidadãos. A análise se confirma com (ou também leva em conta) outros discursos que se referem a pobres/não brancos como "bichos", que "vivem de qualquer jeito".

Seguindo procedimentos desse tipo, podemos analisar provérbios como expressões de racismo, peças publicitárias como expressões de machismo ou a série de propagandas que culminam com o slogan "agro é pop" como divulgação de um discurso que defende um tipo de negócio, que teria determinadas virtudes, e que contesta discursos que, embora não mencionados, se opõem a ele, como a defesa do meio ambiente, da agricultura familiar e de culturas orgânicas.

QUAIS SÃO AS GRANDES LINHAS DE INVESTIGAÇÃO?

Com os desenvolvimentos da AD, o discurso foi abordado de maneira cada vez mais abrangente. Quando de sua emergência, as análises recaíam na identificação de distintas posições ideológicas que se materializavam em textos relativamente uniformes. Mais tarde, por volta da metade da década de 1970, os analistas passaram a aprofundar seus estudos sobre as relações entre o que era dito e as distintas maneiras de fazê-lo.

Desde então, a AD sustenta que a diversidade nas formulações linguísticas dos enunciados produz variações tanto nas identificações ideológicas quanto nos efeitos de sentido produzidos no discurso. Finalmente, a partir dos últimos trabalhos de Pêcheux e de seu grupo, os meios materiais em que os enunciados são transmitidos e os espaços sociais de sua circulação passam a ser considerados na produção dos sentidos. O exame dessas três dimensões do discurso se tornou cada vez mais produtivo e sua designação se consolidou no Brasil sob a forma desta tricotomia: *constituição, formulação* e *circulação* do discurso (Orlandi, 2001).

Na esteira desses avanços da AD, outros tantos se processaram, tais como as noções de *memória discursiva* e *enunciado dividido* (Courtine, 2009) e as de *heterogeneidade mostrada* e *constitutiva* (Authier-Revuz, 2004), o postulado do "primado do interdiscurso", a intersecção entre *cena englobante, cena genérica* e *cenografia* e a noção de *ethos* (Maingueneau, 2015), e a de *fórmula discursiva* (Krieg-Planque, 2018). Sucessiva ou simultaneamente a esses avanços, surgiram e se consolidaram no Brasil várias áreas dedicadas aos estudos do discurso. Entre outras, destacamos estas principais vertentes: a *análise do discurso*; a *argumentação*; os *estudos bakhtinianos*; os *estudos discursivos foucaultianos*; a *semântica e estudos enunciativos*; e a *semiótica*[1].

QUE ESTUDOS PODEM SER DESENVOLVIDOS COM A LINGUÍSTICA DO DISCURSO?

Diante dessa diversidade, a gama de estudos que podem ser desenvolvidos a partir de uma linguística do discurso é bastante variada. A título de ilustração, mencionaremos aqui duas tendências, em razão de nossa proximidade com suas pesquisas[2]. Há grupos que se baseiam, principalmente, em postulados e procedimentos de análise concebidos por Dominique Maingueneau e Alice Krieg-Planque. Esses grupos estudam desde a circulação de fórmulas e de enunciados destacáveis e aderentes até a produção discursiva não só de textos com sólido lastro institucional, mas também de textos cotidianos, tais como piadas e memes[3]. Sua abordagem focaliza tanto aspectos históricos das condições de produção do discurso e fatores da conjuntura e dos gêneros discursivos quanto as especificidades de cada cenografia, em que se projetam enunciadores e enunciatários diversos.

Na análise de seus objetos, está presente o princípio de que a AD é uma teoria da interpretação. Esta posição decorre de outra tese, a de que a língua não é um código (ela não é transparente), mas um sistema sujeito ao equívoco, cujo melhor exemplo é a ambiguidade. Esta, por sua vez, não é considerada um defeito a ser evitado, mas um traço que lhe é constitutivo. Piadas mostram bem esse traço. Vejamos um exemplo:

– *O que é a idade da pedra polida?*
– *Um tempo antigo, quando as pessoas eram educadas.*

Para "compreender" como essa piada funciona é preciso: a) dar-se conta da interpretação corrente da expressão "idade da pedra polida": é uma idade, isto é, uma era marcada pela tecnologia que permitia "tratar" pedras para se tornarem instrumentos como objetos cortantes. Pode-se representar a sequência assim:

(idade da (pedra (polida))),
que mostra que "pedra polida" qualifica "idade" e que "polida" qualifica "pedra".
Mas, a resposta obriga a reinterpretar esta sequência assim:
((idade (da pedra)) polida).

Nessa interpretação, "polida" se refere a "idade da pedra", que denota uma época antiga. "Polida" agora se refere a "idade (da pedra)", e não mais a "pedra", e significa refinada. O equívoco está tanto nas duas diferentes relações de "polida" quanto nos dois sentidos dessa palavra. Em relação a essa piada, os estudos discursivos podem privilegiar o jogo de palavras, mas também vale a pena interpretá-la "ideologicamente": como uma materialização do discurso da decadência ou do saudosismo.

Há ainda outros grupos cujos trabalhos se baseiam, principalmente, em postulados e procedimentos do método arqueológico de análise de discursos concebido por Michel Foucault. Esses grupos analisam tanto a produção discursiva de subjetividades em diversas instituições quanto as práticas de resistência em diferentes relações de poder. Entre outras de suas pesquisas, destacamos aqui as que se debruçam sobre as relações entre os discursos e as emoções[4]. Eis uma sumária indicação do que se pode estudar a propósito dessas relações.

No final de novembro de 2022, houve um massacre numa escola em Aracruz, ES. A maneira como boa parte do noticiário da grande imprensa se referiu ao autor desse massacre foi denunciada nas redes sociais. Segundo essa denúncia, o assassino foi designado como: "jovem", "adolescente", "estudante", "ex-aluno" e "filho de policial", entre outras formas. Desse modo, os enunciadores evitaram "assassino", "psicopata" etc., deram indícios de sua filiação a determinada ideologia branca e burguesa e ainda aliviaram seus enunciados de uma carga afetiva de indignação. Trata-se aí de mais um caso de luta entre formas linguísticas, ideologias e sensibilidades: luta entre as designações de jovens negros pobres e as de jovens brancos de classe média, quando acusados de cometerem ilícitos, entre as ideologias inclusivas e as segregadoras e entre os sentimentos partilhados pelos sujeitos de uma ou de outra comunidade discursiva.

O QUE EU PODERIA LER PARA SABER MAIS?

Há vários textos de introdução geral à AD. Entre eles, leitoras e leitores podem optar por manuais ou capítulos de coletâneas, por obras clássicas predominantemente teóricas ou por aquelas que contêm análises de dados. Em Pêcheux ([1970] 2011), Possenti (2004), Orlandi (2005) e Piovezani e Alves (2023) são expostos os principais postulados, noções e procedimentos metodológicos da AD e ainda breves análises de textos e enunciados. Já "Análise automática do discurso" (Pêcheux, [1969] 1990) costuma ser considerado o texto fundador da AD. Nele, Pêcheux critica práticas de leitura subjetivas e apresenta conceitos como os de "discurso", "processo discursivo" e "efeito metafórico". Outro clássico da AD é *A ordem do discurso*, de Foucault (2000), no qual se sustenta a ideia de que todas as sociedades têm procedimentos de controle do discurso, de modo que não é qualquer um que pode dizer qualquer coisa em qualquer circunstância. Krieg-Planque (2018) e Maingueneau (2015) também proporcionam uma produtiva introdução à AD. Nas duas obras, essa introdução é feita com análise de dados, apresentação de conceitos básicos e exploração de tópicos atuais.

A introdução à AD pode ser seguida de um aprofundamento em seus princípios e métodos e na diversificação de seus temas e objetos. Authier-Revuz (2004), Courtine (2009) e Pêcheux (1997) criticam etapas anteriores da AD, sustentam a condição indispensável de outras formações discursivas na constituição de todo discurso e o fazem concebendo as noções de "heterogeneidade mostrada" e "constitutiva", "enunciado dividido", "memória discursiva" e "acontecimento". Além disso, Pêcheux (1997) defende que a AD é uma disciplina de interpretação e advoga a inclusão de *corpora* do cotidiano, e não apenas dados de instituições consagradas, como a política, a escola e a igreja, entre seus objetos de análise.

Não há dúvidas que de que a AD ampliou bastante seus temas e seus objetos. Essa ampliação está atestada na publicação de obras dedicadas ao estudo do humor (Possenti, 2018), do discurso digital (Dias, 2018; Paveau, 2021), das relações entre discurso, gênero e sexualidade (Zoppi-Fontana e Ferrari, 2017) e entre discurso e emoções (Piovezani, Curcino e Sargentini, 2023). Nessas obras, há respectivamente, i) análise de piadas e reflexão sobre os limites do humor, ii) exame das principais práticas digitais (concepção e difusão de hashtags; curtidas, comentários e compartilhamentos) e elaboração de noções para descrever e interpretar esse domínio, tais como "extimidade", "memória tecnodiscursiva" e "ordem do discurso digital", iii) análise das identificações de gênero e sexualidade presentes no processo de constituição discursiva do sujeito, e iv) estudos sobre a materialização de sentimentos e sensibilidades no discurso.

Notas

[1] Conforme sua condição de Grupos de Trabalho cadastrados com essas designações na Associação Nacional de Pós-graduação e Pesquisa em Letras e Linguística (Anpoll): https://anpoll.org.br/.

[2] Além dessas, há ainda na AD trabalhos sobre o *discurso digital* (Dias, 2018; e Paveau, 2021) e sobre relações entre discurso, gênero e sexualidade (Zoppi-Fontana e Ferrari, 2017).

[3] O grupo FEsTA (Fórmulas e estereótipos: teoria e análise), sediado na Unicamp, tem desenvolvido trabalhos nessa direção.

[4] Os grupos Labor (Laboratório de estudos do discurso), Lire (Laboratório de estudos da leitura) e Vox (Análise do discurso e história das ideias linguísticas), sediados na UFSCar, têm desenvolvido trabalhos nessa direção.

Referências

AUTHIER-REVUZ, J. Heterogeneidade mostrada e heterogeneidade constitutiva. In: *Entre a transparência e a opacidade*. Porto Alegre: EDIPUCRS, 2004.

COURTINE, J-J. *Análise do discurso político*. São Carlos: EdUFSCar, 2009.

DIAS, C. *Discurso digital*. Campinas: Pontes, 2018

FOUCAULT, M. *A ordem do discurso*. São Paulo: Loyola, 2000.

KRIEG-PLANQUE, A. *Analisar discursos institucionais*. Uberlândia: Editora da UFU. 2018.

MAINGUENEAU, D. *Discurso e análise do discurso:* uma introdução. São Paulo: Parábola, 2015.

ORLANDI, E. *Discurso e texto*. Campinas: Pontes, 2001.

ORLANDI, E. *Análise de discurso:* princípios e procedimentos. Campinas: Pontes, 2005.

PAVEAU, M-A. *Discurso digital*. Campinas: Pontes, 2021

PÊCHEUX, M. Análise automática do Discurso. In: *Por uma análise automática do discurso*. Campinas: Editora da Unicamp, 1990.

PÊCHEUX, M. *Discurso:* estrutura ou acontecimento. Campinas: Pontes, 1997.

PÊCHEUX, M. Língua, linguagens, discurso. In: *Legados de Michel Pêcheux*. São Paulo: Contexto, 2011.

PIOVEZANI, C.; ALVES, M. Discurso. In: *Estudos do discurso:* conceitos fundamentais. Petrópolis: Vozes, 2023.

PIOVEZANI, C.; CURCINO, L.; SARGENTINI, V. (orgs.) *Os discursos e as emoções*: medo, ódio, vergonha e outros afetos. São Paulo: Parábola, 2023.

POSSENTI, S. Teoria do discurso: um caso de múltiplas rupturas. In: *Introdução à linguística*. Vol. 3: Fundamentos epistemológicos. São Paulo: Cortez, 2004, 353-392.

POSSENTI, S. *Cinco ensaios sobre humor e análise do discurso*. São Paulo: Parábola, 2018.

ZOPPI-FONTANA, M.; FERRARI, A. J. (orgs.). *Mulheres em discurso*. Campinas: Pontes, 2017.

Linguística forense

Carmen Rosa Caldas-Coulthard

O QUE É A LINGUÍSTICA FORENSE?

Dentro dos estudos da linguagem, uma nova área se consolida a passos rápidos e abre espaços no mercado de trabalho para especialistas, mercado este até agora muito restrito à atuação de profissionais de letras como professores/as e ou tradutores/as – a linguística forense.

A linguística forense, advinda dos estudos discursivos em contextos profissionais, é uma subdisciplina acadêmica da linguística aplicada, muito atuante em países de língua inglesa. A linguística forense investiga e analisa a linguagem em todos os tipos de interação no contexto jurídico.

A Associação Internacional de Linguistas Forenses (International Association of Forensic Linguists, IAFL), fundada em 1993 na Grã-Bretanha, demonstra a importância da área, tendo mais de 300 membros entre acadêmicos, advogados e policiais.

O QUE A LINGUÍSTICA FORENSE ESTUDA?

O trabalho de linguistas aplicados/as que atuam nas áreas forenses se desenvolve principalmente no estudo e análise das seguintes áreas:

- A linguagem oral das interações jurídicas (em fóruns e tribunais, depoimentos de réus e testemunhas em delegacias de polícia, em entrevistas com pessoas vulneráveis, como vítimas de estupro, crianças e sequestros etc.);

130 A linguística hoje

- A linguagem escrita de textos legais – contratos, leis, julgamentos, sentenças etc.;
- A linguagem como prova/evidência, nos campos de defesa e acusação, em casos criminais e civis (trabalho de peritos/as em tribunais);
- A questão da tradução e da interpretação em ambientes jurídicos (Coulthard, May e Wright, 2017).

A linguística forense, como uma recente adição à linguística aplicada, por seu caráter teórico e eminentemente prático, é muito utilizada nas práticas jurídicas em países como a Austrália, a Inglaterra, os Estados Unidos, a Alemanha, a Espanha e Portugal. A linguística forense, no entanto, é muito recente no Brasil, e relutantemente aceita por advogados/as e peritos/as em geral, onde a relação *linguagem/ direito/justiça* ainda está longe de se consolidar como linha de pesquisa e como prática forense.

QUAIS SÃO AS GRANDES LINHAS DE INVESTIGAÇÃO?

O trabalho de linguistas forenses se desenvolve principalmente no estudo e na análise das seguintes áreas:

a. Linguagem e direito:

A linguagem escrita de documentos jurídicos é o enfoque principal das pesquisas. Essa área analisa a linguagem legal e suas características peculiares, ou, por exemplo, como podemos distinguir linguisticamente "estatutos" e "contratos" de outros tipos de comunicação.

O/a analista forense descreve ainda problemas que surgem quando profissionais da área jurídica usam documentos escritos para se comunicar entre seus pares ou com uma audiência leiga. Um exemplo interessante nesta área de "linguagem escrita legal" seria a investigação de documentos expedidos durante os trabalhos da Lava-jato no Supremo Tribunal Federal do Brasil. Será que pessoas leigas teriam condições de, pelo menos, "entender" o que era discutido? E, se não, por quê? O que nos distancia tanto desse tipo de documento? Entre muitos outros exemplos, é possível citar o exame de documentos como os expedidos pelas Delegacias Policiais ou as Instruções para um Tribunal do Júri.

Como sabemos, o mundo legal brasileiro é essencialmente escrito, e processos ocupam páginas e páginas, na maioria das vezes indecifráveis para um/a leitor/a leigo/a. A linguagem jurídica é extremamente prolixa e, assim, vários são os campos de interface nos quais linguistas forenses podem se especializar:

- Direito comparado;
- Filosofia do direito;
- Interpretação da lei;
- História da linguagem jurídica;
- Tradução forense;
- Direitos linguísticos.

Nesse vasto mundo jurídico, muitos são os gêneros discursivos (ou tipos textuais), e a análise desses gêneros é de suprema importância para o entendimento do que se passa entre participantes num discurso. Linguistas forenses podem instruir profissionais legais na maneira como "distinguir" gêneros discursivos, assim como guiá-los/as na simplificação de textos inacessíveis aos/às envolvidos/as no processo jurídico. Esse trabalho pode produzir uma comunicação mais eficaz e democrática e apontará para a importância do intercâmbio terminológico entre os profissionais do direito e da linguagem.

b. Interação em contextos forenses

Nessa área de estudo e análise, especialistas forenses concentram-se na linguagem oral das interações jurídicas (em fóruns, em delegacias de polícia, em entrevistas).

O/a analista examina as complicações introduzidas na interação, devido à natureza sensível do crime, quando, por exemplo, um/a dos/as participantes é uma testemunha vulnerável (menores de idade, vítimas em processos de violência ou participantes com dificuldades mentais) ou ainda quando um/a dos/as interagentes não é um/a falante nativo/a. Quando há a necessidade da atuação de intérpretes, a interação fica ainda mais complicada. Como analistas de discurso têm a capacidade de julgar quando uma interação dialógica é cooperativa ou não, ou quando regras de comunicação são quebradas (quem tem o poder da fala, ou a quem é dada a fala, por exemplo), sua atuação no entendimento de interações assimétricas pode elucidar conflitos e relações de poder. Assim, linguistas forenses podem ser chamados para examinar:

- Interrogatórios policiais;
- Interrogatórios com vítimas vulneráveis;
- Desvantagens linguísticas diante da lei;

- Discurso no tribunal e discurso político;
- Discurso em contextos prisionais;
- Multilinguismo no sistema jurídico;
- Minorias linguísticas e a lei;
- Atuação do/a intérprete em contextos jurídicos.

QUE ESTUDOS PODEM SER DESENVOLVIDOS COM A LINGUÍSTICA FORENSE?

Muitos estudos podem ser desenvolvidos com a linguística forense especialmente no exame da linguagem como prova ou evidência. Este é o trabalho de peritos/as em tribunais civis e criminais.

O exame linguístico de evidência ou prova exemplifica as diversas ferramentas usadas por peritos/as na análise linguística que será usada por advogados/as em todos os tipos de conflitos jurídicos ou em tribunais de júri. Essas ferramentas podem ser de ordem fonética, léxico-gramatical ou pragmática, de acordo com a demanda do caso. Um exemplo ainda tópico foi a procura da Scotland Yard inglesa por peritos/as linguistas que pudessem desvendar o "sotaque" do terrorista do IS (Estado Islâmico) que decapitou um jornalista americano no dia 20 de agosto de 2014. Como o terrorista "falou", a grande questão é a sua proveniência linguística. A sua intenção de não se identificar por sua vestimenta cobrindo sua face foi inútil, já que sua "fala" o identificou, a princípio como britânico e ex-morador de Londres. O trabalho de uma/a especialista foneticista foi, dessa forma, de muita importância para a resolução do caso. A pessoa incógnita poderá ser descoberta por um/a perito/a linguista e consequentemente condenada, se a voz desconhecida lhe for corretamente atribuída.

Um outro campo de atuação de linguistas forenses é na interseção da linguagem com o *branding* ou "marcas" no contexto jurídico. Um caso julgado serve de exemplo – refere-se à marca do whisky Johnny Walker que processou com sucesso a marca brasileira de cachaça chamada *João Andante*, após a arguição forense do mau uso da tradução.

Como linguistas agora ampliam seus horizontes incluindo a comunicação visual, aqueles/as que trabalham com *branding* incluem em suas análises a comparação de todos os recursos semióticos, não somente palavras. Como há muitos casos de conflitos no mundo de marcas e empresas, é de extrema importância que linguistas forenses sejam envolvidos/as na resolução desses problemas, resolução que acontece no contexto jurídico. Assim, a contribuição da linguística forense para o mundo empresarial é altamente importante. E empresas deveriam consultar *experts* nas áreas de semiótica e comunicação até mesmo antes de lançarem seus produtos no mercado.

Os estudos semióticos e discursivos são também de extrema importância nos contextos de empresas e em tribunais, já que a comunicação perpassa todas as áreas da atividade humana. Sem conhecimento do uso e da aplicação da linguagem como um sistema funcional e semiótico, profissionais de todas as áreas têm menos possibilidade de exercer suas profissões de uma maneira competente e eficaz. Apesar de muitas áreas não reconhecerem a importância dos estudos linguísticos, pesquisas interdisciplinares mostram que, na sociedade pós-moderna, o/a profissional que se mostra capaz de entender e analisar como as relações humanas são realizadas através de sistemas semióticos (os signos na sociedade) destaca-se em sua atuação profissional. Daí a importância da área de letras, já que a comunicação humana é o seu foco principal. O entendimento de como a comunicação visual é realizada sem dúvida ajuda a desvendar significados muitas vezes obscuros ou ideologicamente comprometidos.

Outros tópicos que podem ser tratados numa análise forense como evidência:

- Estilística forense;
- Análise de autoria;
- Perfis linguísticos;
- Identificação linguística de nacionalidade;
- Disputas sobre marcas registradas;
- Ambiguidades linguísticas em textos de advertência de produtos;
- Falsificação de testemunhos e fraude;
- Plágio.

O maior desafio para profissionais de letras é justamente "dar entrada" nos discursos legais em todos os sentidos – não só como analistas, mas como participantes deste discurso. Para tal, graduandos/as precisam estudar o código linguístico com muita seriedade para que possam, de igual a igual, dialogar e argumentar com profissionais das áreas legais com o mesmo poder de análise e confiança. Gostaria assim de ressaltar a importância da interseção entre o conhecimento linguístico aplicado e a prática social forense. A linguística forense é uma grande fonte de trabalho para linguistas aplicados/as e precisa ser urgentemente desenvolvida e divulgada no Brasil. A formação de novos/as pesquisadores/as e alunos/as que irão atuar na sociedade legal do futuro é um tópico que precisa ser aprofundado. O fortalecimento da articulação entre profissionais das duas áreas causará seguramente grande impacto na sociedade brasileira, tão carente ainda de um poder legal confiável.

A formação e a incorporação de futuros/as membros/as atuantes entre estudantes de pós-graduação, ou ainda a atualização e o aperfeiçoamento de profissionais atuantes e/ou interessados em estudos da linguagem e em estudos jurídicos (professores/as, advogados/as, policiais, tradutores/as e intérpretes legais) é uma questão prioritária no âmbito brasileiro. A troca de saberes e de experiências nas duas áreas contribuirão significativamente para a formação das novas gerações, assim como para as suas práticas acadêmicas e profissionais. A linguística forense, portanto, é uma ponte entre esses saberes. É muito importante, no entanto, ressaltar que um/a linguista forense precisa ter um grande conhecimento sobre o funcionamento da linguagem e do discurso. Já que a linguística forense é uma subdisciplina da linguística aplicada, somente um/a bom/boa linguista aplicado/a pode ser um/a bom/boa linguista forense.

E, como linguistas aplicados/as, temos a função de demonstrar aos profissionais jurídicos a relevância dos estudos da linguagem para a prática jurídica, já que tratamos de tópicos de extrema importância para a sociedade atual, como os problemas de direitos autorais, de testemunhas vulneráveis, como a discriminação, o racismo, o sexismo e a exclusão textual. A detecção de plágio acadêmico, por exemplo, assim como o plágio cometido por representantes do mundo jurídico, ou erros de tradução, assim como insultos, que podem ser criminalizados em tribunais de júri, entre tantos outros tópicos importantes, são fontes de análises e de estudos linguísticos, possivelmente só resolvidos por aqueles/as treinados nas artimanhas da linguagem.

O QUE EU PODERIA LER PARA SABER MAIS?

A bibliografia na área de linguística forense já é bem extensa principalmente em língua inglesa. A seguir, algumas referências essenciais em língua portuguesa e algumas referências em língua inglesa que poderão auxiliar interessados/interessadas em desenvolver pesquisa e atuação em linguística forense.

Referências

CALDAS-COULTHARD, C. R. O que é a linguística forense? *Revista Virtual de Estudos da Linguagem.* v.12, 2014, pp. 1-6.

CELESTINO, D., COULTHARD, M.; SOUSA-SILVA R (orgs.). *Perspectivas em linguística forense.* Campinas, Universidade Estadual de Campinas, 2020.

COLARES, V. (org.). *Linguagem e direito.* Recife, Editora Universitária, UFPE, 2010.

COLARES, V. (org.). *Linguagem e direito:* caminhos para linguística forense. São Paulo, Cortez Editora, 2016.

FRÖHLICH, L. R. *Tradução forense:* um estudo de cartas rogatórias e suas implicações. Tese de Doutorado, UFSC, 2014.

FRÖHLICH, L. R. Redação jurídica objetiva: o juridiquês no banco dos réus. *Jornal da Escola de Magistratura Superior do Estado de Santa Catarina* (ESMESC). v. 22, n. 28, 2015, pp. 211-236.

FRÖHLICH, L. R.; GONCALVES, M. P. Desafios e competências do tradutor forense no Brasil: uma questão de perícia. In: COULTHARD, R. M.; COLARES, V.; SOUSA-SILVA, R. (orgs.). *Linguagem & direito:* os eixos temáticos. Recife: ALIDI, v. 1, 2015, pp. 85-110.

JORGE, S. Coerência local e global em textos de relatos de ocorrências criminais. In: COULTHARD, R. M.; COLARES, V.; SOUSA-SILVA, R. (orgs.). *Linguagem & direito:* os eixos temáticos. Recife: ALIDI, 2015, v. 1, pp. 279-296.

NUNES, R. (ed.). *Manual de introdução ao estudo do direito.* São Paulo: Saraiva, 2006.

NUNES-SCARDUELLI, M. C. Mulheres em situação de violência conjugal. *Language and Law/ Linguagem e Direito*, v. 4, n. 2, 2017, pp. 19-35.

SILVEIRA S, ABRITTA, C. e VIEIRA, A. (orgs.). *Linguística aplicada em contextos legais.* São Paulo, Paco Editorial, 2015.

SOUSA-SILVA, R.; ABREU, B. Plágio: um problema forense. *Language and Law/Linguagem e Direito*, Vol. 2, n. 2, 2016, pp. 90-113.

TORRES, S.; ALMEIDA, M. B. de. Documentação jurídica: reflexões sobre a função social do documento legislativo. *Proceedings do II Congresso Brasileiro em Representação e Organização do Conhecimento.* FGV, Rio de Janeiro, 2013.

COULTHARD, R. M. The linguist as expert witness. *Studies in Pragmatics*, v. 25, 2012, pp. 38-54.

COULTHARD, M.; JOHNSON, A. *An introduction to forensic linguistics.* Language in evidence. Londres, Routledge, 2007.

COULTHARD, M.; JOHNSON, A. (orgs.). *Routledge handbook of forensic linguistics.* Londres: Routledge, 2010.

COULTHARD, M. JOHNSON A.; WRIGHT, D. *An introduction to forensic linguistics.* Language in evidence. 2nd Ed. Londres, Routledge, 2017.

COULTHARD, M. JOHNSON, A.; SOUSA-SILVA, R. (orgs.). *Routledge handbook of forensic linguistics.* Londres: Routledge, 2020.

JORGE, S. *Analysing Brazilian police interviews in cases of violence against women.* Florianópolis, 2018, Tese de Doutorado – UFSC.

SOLAN, L. Linguistic experts as semantic tour guides. *Forensic Linguistics*, 5 ii, 2018, pp. 87-106.

Linguística textual

Alena Ciulla

O QUE É A LINGUÍSTICA TEXTUAL?

É somente a partir do legado de Saussure que o texto passa a ser objeto de observação científica, ao menos pelo que se conhece da história ocidental dos estudos da linguagem. Assim, para entender melhor essa passagem, de como se chegou a uma linguística textual, é preciso retroceder na história.

A palavra *texto* vem do latim *textus*, que significa coisa tecida, tecido, trama. É nessa origem etimológica que Quintilianus (2016), pensador romano da Antiguidade, encontra a metáfora para o conceito de texto: ao modo de um tecido, o texto reúne elementos diversos e até mesmo díspares e os transforma em um todo entrelaçado e organizado. Esse conceito leva também à ideia de encadeamento, de unidade e de abertura dos textos, pontos ainda hoje considerados centrais às discussões sobre o texto. Cabe salientar, entretanto, que o interesse dos antigos girava unicamente em torno daquilo que consideravam a arte de bem falar e escrever. Assim, o estudo dos textos era o estudo da arte de falar corretamente, cujo modelo era a língua dos grandes poetas. Vê-se, então, que o estudo do texto era um estudo prescritivo e restrito a alguns modelos de textos do cânone clássico.

No Renascimento, com a queda do Império Romano e das tribunas dos grandes oradores, o texto passa a ocupar um lugar ainda menos privilegiado. Diante do declínio do uso do latim e da necessidade de comunicação nas novas línguas, que passaram a ser usadas intensamente no comércio, no cotidiano e em toda sorte de atividades, interessava estabelecer as regras gramaticais dessas novas línguas. Surgem então as gramáticas razoadas, como a de *Port-Royal*, para o francês, e a *Gramática filosófica da língua portuguesa*. Se, por um lado, o estudo da língua se popularizava, em certa medida, e se transformava, pela observação das línguas vernáculas, por outro lado, permanecia o objetivo de se estabelecer o modo correto de falar e escrever. Além disso, o encadeamento – característica que confere a tessitura aos textos – é visto apenas como sequência de frases bem formadas. Assim, pela lógica dos renascentistas, bastava conhecer a gramática e saber compor frases adequadas a essa gramática para que se obtivesse um bom texto, e isso era suficiente.

Eis então que, alguns séculos mais tarde, entra em cena Ferdinand de Saussure, com a publicação do *Curso de linguística geral*, em 1916. Para além do fato de que Saussure fundou um modo científico de observar os fenômenos da linguagem, abrindo caminho para as diversas linguísticas, inclusive a do texto, destacamos que há, na sua reflexão sobre a língua e nos princípios de sua linguística, traços que evidenciam que não se tratava somente de uma linguística da língua no sentido estrito, mas propriamente de uma linguística geral, em que língua e fala são concebidas como uma dualidade de pontos de vista epistemológicos complementares. De acordo com Rastier (2016), o *corpus* saussuriano é que foi lido do ponto de vista da língua e, por isso, cabe a nós resgatar a linguística saussuriana da fala – onde, é importante dizer, vão aparecer mais aspectos importantes para a reflexão sobre o texto. Independentemente da hipótese de Rastier, várias das discussões fundamentais que implicam o texto e o discurso aparecem de maneira inegável na obra de Saussure, como, por exemplo, na "Nota sobre o discurso", publicada nos *Escritos de linguística geral*, em que ele inicia se perguntando sobre o que separa a língua e o discurso, mas também sobre o que os une, já que "a língua entra em ação como discurso" (Saussure, 2002: 235). Mas durante muito tempo essa discussão foi negligenciada e a linguística que se fazia era uma linguística da língua em seu sentido estrito, apartada da fala e/ou do discurso.

O termo *linguística textual* aparece pela primeira vez em Coseriu (1955-56), que também foi pioneiro no que diz respeito a rejeitar essa parcialização da linguística. Para este autor, a linguística do texto é uma linguística do sentido, que interpreta o texto concreto através de elementos linguísticos. É importante sinalizar desde já que a linguística textual preconizada por Coseriu não deu origem às várias vertentes de estudos do texto que se desenvolveram de lá para cá, como se pode pensar à primeira vista. A começar porque, ainda que muitos outros tenham passado a considerar a construção de sentido que se dá no texto como central, nem todos formularam uma teoria do sentido e da significação que se baseia nessa premissa, como faz Coseriu (1981), e nem souberam situar tão bem essa nova linguística que emergia. Fazendo um recorte da reflexão coseriana – apenas e sumariamente – no que diz respeito ao texto, salientamos aqui que o autor fundamenta sua metodologia no que ele chama de uma *linguística integral*, que, por sua vez, compreende três níveis linguísticos básicos, que são: o nível universal do falar em geral (o saber que não coincide com uma língua em particular, apenas, mas que vale para toda língua e todo falar), o nível histórico das línguas (das línguas em particular, como o francês, o alemão, o espanhol etc.) e o nível individual dos textos (dos atos linguísticos de um falante em uma situação determinada). Esses níveis são acionados em conjunto em toda situação de fala e, por isso, a linguística textual coseriana não pode ser vista à parte desta *linguística integral*. Uma das ideias do autor que coloca o texto como objeto central dos estudos linguísticos é a de que não existe acesso nem ao nível universal nem ao histórico, sem que se passe pelos textos.

Todavia, a história da linguística textual se ramifica e se desdobra em direções diferentes. Do final da década de 1950 em diante, influenciados pelo pensamento do seu tempo, como se pode ilustrar pela famosa discussão filosófica em torno da linguagem ideal *versus* linguagem ordinária, que deu origem à chamada *virada linguística* (ver Rorty, 1967), outros linguistas passaram a entender que os fenômenos da linguagem precisavam ser vistos sob aspectos pragmáticos e comunicativos. Houve assim uma preocupação em tentar compreender melhor as relações entre linguagem, mundo e uso da linguagem pelos falantes. Nesse cenário, destaca-se o texto como elemento importante de unidade de comunicação e, consequentemente, um outro problema surge, que é o de que os níveis fonológicos, morfológicos, sintáticos e lexicais, do modo como eram até então tratados, principalmente pela gramática, não davam conta de explicar os fatos da língua em uso, lugar onde o texto assume protagonismo. Então, com o intuito de tratar a linguagem sob um prisma textual e por ser o texto um objeto multifacetado, vão surgindo propostas com diversos pontos de vista e perspectivas epistemológicas, como a do estruturalismo, do funcionalismo, da semiótica, da semiologia, da retórica, da sociolinguística, da sociologia, do cognitivismo e da psicolinguística. Por isso, podemos dizer que linguística textual é o nome que se dá a diferentes abordagens que têm em comum a observação da língua em funcionamento e o texto como objeto central.

Para compreender melhor essas vertentes que deram origem ao conjunto de estudos que hoje chamamos de linguística textual (no mundo, em geral, e no Brasil, especialmente), convocamos Neis (1985) neste importante artigo em que o autor, além de introduzir a temática no Brasil, faz uma resenha dos questionamentos que deram origem à necessidade de os estudiosos buscarem um lugar para o texto na linguística, que começa assim:

140 A linguística hoje

Até há bem pouco tempo, as pesquisas de linguística concentravam-se quase exclusivamente nos problemas relativos à frase ou aos componentes frasais, mas enfocados dentro dos limites da frase. E os objetos das teorias mais desenvolvidas e das descrições mais acabadas situavam-se nos campos da fonologia, da morfologia e da sintaxe frasal, excluindo-se preocupações relativas a aspectos semânticos e contextuais da linguagem observada nas diferentes situações de comunicação (Neis, 1985: 7).

Diante da percepção de "aspectos semânticos e contextuais" em diferentes situações de comunicação e também da observação de que os textos não seriam apenas rosários de frases, a pesquisa desta primeira fase dos estudos linguísticos do texto se voltou para as relações entre as frases em sequências que configurassem uma unidade considerada coerente, e, por isso, ficou conhecida como *transfrástica*. As principais relações aí investigadas são as pronominalizações e as substituições lexicais, evidenciadas de maneira pioneira por Halliday e Hasan (1976) e que no Brasil foram divulgadas inicialmente por Koch (1989, 1990), sob a temática da famigerada dupla *coesão e coerência*.

Uma segunda perspectiva surge com base nos postulados do gerativismo chomskiano, partindo da ideia de que os falantes possuem uma competência textual que lhes facultaria reconhecer e produzir textos coerentes. Nessa perspectiva, procura-se definir o que faz com que um texto seja um texto – e não apenas uma sequência coerente. Para tanto, os estudiosos desta vertente aprofundam e ampliam a noção de coerência, lançando mão da ideia de textualidade, conforme proposta de Beaugrande e Dressler (1981), em um quadro teórico que busca respaldo na psicologia cognitiva e na análise crítica do discurso. Um dos principais autores dessa linha de teorização, conhecida como *gramática textual*, é Van Dijk (1972).

Em uma outra linha de pensamento, quase desconhecida no Brasil, mas de grande imponência reflexiva, situa-se a obra de Harald Weinrich (1989, 1973), que, entre outros, publicou a *Grammaire textuelle du français* e *Le temps*, dois trabalhos que ilustram uma perspectiva de abordagem gramatical do texto. Todavia, ainda que faça considerações sobre a atitude do locutor, revelando também uma preocupação com aspectos psicológicos da textualidade, Weinrich se vê mais identificado com a linguística geral praticada na França, por autores como Émile Benveniste (1964; 1966), e concentra sua proposta nos elementos linguísticos recorrentes que formariam a rede textual, especialmente os tempos verbais.

Uma terceira onda incorpora questões advindas da pragmática, como a teoria dos atos de fala, de John Langshaw Austin, e a teoria dialógica do círculo de Bakhtin, mas também agrega questões enunciativas e semânticas de funcionamento da língua, tais como as que foram propostas por Benveniste (1965; 1966), Jakobson (1963), Greimas (1976), entre outros. Entre esses estudos, destacamos a obra de Jean-Michel Adam (2008) que, ao modo coseriano, propõe um lugar para o texto na linguística e, a partir deste lugar, investiga e elabora critérios textuais de segmentação e conexão para a sua *análise textual dos discursos*.

Foram citados apenas alguns dos principais autores, entre pelo menos uma centena dos que se dedicaram à linguística textual, além de outros tantos que influenciaram a abordagem do texto. Como se pode concluir, há um grande aporte de propostas que se unem pela necessidade de uma linguística que transcenda os estudos gramaticais tradicionais para explicar e analisar texto, mas não há uma confluência desses estudos que possa identificar uma linguística textual homogênea.

No Brasil, a partir do final da década de 1980, inspirados pelas leituras a que tinham acesso, pois liam em francês, inglês e em alemão, Ingedore Villaça Koch (1992; 2004) e Luiz Antônio Marcuschi (2001; 2008) passaram a se dedicar à pesquisa que propunha a análise de textos, à luz dessa nova tendência vinda da Europa. Muitos os acompanharam e os seguiram e, felizmente, hoje, em todas as universidades brasileiras há disciplinas e grupos de pesquisa em linguística textual ou, pelo menos, um núcleo de estudos do texto ou quadro docente que, de algum modo, se nutre da reflexão produzida pela linguística textual.

Por esse breve histórico, vê-se que a linguística textual é ainda uma criança na história dos estudos da linguagem: são menos de setenta anos de estudos visando o texto, contra vinte e três séculos de estudos gramaticais. No Brasil, a linguística textual é ainda mais recente, com pouco mais de trinta anos. Há, portanto, um longo percurso a desbravar.

O QUE A LINGUÍSTICA TEXTUAL ESTUDA?

A linguística textual estuda o texto por si só e como elemento central. Porém, conforme se pode prever pelo que apresentamos na primeira seção deste capítulo, o escopo de atuação da linguística textual é tão variado quanto variado é o modo como se apreende o objeto *texto*.

No Brasil, um dos escopos de atuação de maior visibilidade da linguística textual é o ensino de texto. Os Parâmetros Nacionais Curriculares (1998)

142 A linguística hoje

colocaram o ensino do texto como essencial desde os primeiros anos escolares, inclusive como diretriz para a alfabetização, proporcionando uma guinada no paradigma e um avanço considerável para o ensino. Esse quadro se intensifica pela exigência das provas de redação em concursos públicos para servidores de muitas áreas e para os vestibulares, além do exame nacional do ensino médio, o Enem. O texto na escola assume assim uma importância capital. E não termina aí: cada vez mais, a exemplo do que ocorre em grandes universidades no mundo todo, intensifica-se a demanda do ensino de língua materna nos diversos cursos de graduação, com ênfase na leitura e produção de textos acadêmicos. Evidentemente a linguística textual pode e deve fornecer reflexões teóricas capazes de fundamentar o ensino de leitura e produção de textos em todos esses níveis.

Contudo, é preciso, em primeiro lugar, fazer uma advertência, já que muitas vezes a linguística textual é tida como uma mera aplicação de modelos de análise e de correção, o que enfraquece o alcance – inclusive para o próprio ensino – da pesquisa nessa área. Por um lado, os questionamentos que dizem respeito ao texto, muitas vezes, originam-se nas salas de aula, na prática de ensino de língua materna, especialmente nas aulas de produção textual. Prova disso encontramos em Charolles (1978): neste trabalho, o autor investiga os critérios de avaliação de professores no que consideram a coerência de textos produzidos por alunos, e essa investigação dá origem à pioneira e fundamental reflexão sobre a coerência textual. Por outro lado, é preciso salientar que não é tarefa da linguística textual a busca por modelos de ensino e correção de texto. E aqui o próprio exemplo de Charolles (1978) vem em nosso auxílio, novamente: a proposta do autor, que é um dos principais nomes ligados aos fundamentos da linguística textual, não tem o intuito de determinar quais textos são ou não coerentes, mas, sim, o de observar quais princípios de coerência podemos inferir a partir dos textos.

De fato, como objeto de correção, o texto se aproxima dos estudos retóricos, de um lado, e da gramática tradicional, de outro, numa espécie de retrocesso. Isso porque a tendência do ensino, por motivos didáticos, práticos e até político-educacionais, é muitas vezes o de "positivar" o texto, apresentando regras sobre certo e errado, na tentativa de adequar as produções dos alunos a modelos de gêneros predefinidos, muitas vezes supersimplificados, ou a aproximações de autores consagrados, com ênfase naquilo que é considerado a variedade culta da língua. Dessa maneira, o texto se afasta de uma abordagem científica, o que faz perder, e muito, a riqueza da reflexão que a perspectiva da linguística proporciona.

Uma das tarefas principais da linguística textual é a de extrair regras de funcionamento dos textos, formulando hipóteses, como ilustramos anteriormente, por exemplo, sobre a coerência como um dos princípios fundamentais que estabelece unidade aos textos. Outra tarefa da linguística textual é a de estudar os gêneros discursivos, observando que recursos linguísticos estão em jogo nessa espécie de padronização dos textos que os falantes operam. Quanto à norma padrão da língua, o único interesse que a linguística textual tem é o dos efeitos de sentido que o seu emprego pode produzir. Sabemos que o professor de texto também ensina língua portuguesa e, em especial, a norma padrão da língua. Contudo, é preciso diferenciar entre o intuito normativo (por exemplo, ensinar um gênero específico de texto, que exija o uso da norma padrão) de um intuito de reflexão – este da abrangência da linguística textual – sobre a língua e sobre a atividade textual. Por isso, mesmo no ensino, o estudo do texto não se restringe a uma linguística aplicada e, de maneira alguma, encarcera-se no ensino normativo. A linguística textual alcança o ensino, então, na medida em que ajuda a compreender os princípios de funcionamento dos textos e as categorias textuais que estão aí em jogo.

O texto é sempre algo que se diz a alguém sobre alguma coisa. Por isso, a linguística textual também abarca a intepretação de textos, pela necessidade de compreender o conteúdo e o propósito dos textos, nas mais diversas situações comunicativas. No entanto, se, para o falante, a prioridade mais imediata é a de "desvendar" os sentidos, para o linguista, é preciso ir além, e compreender como aqueles sentidos podem ser atribuídos aos textos. Assim, os linguistas do texto dedicam-se a uma hermenêutica[1] dos sentidos, isto é, aos estudos da compreensão dos sentidos dos textos. Uma das primeiras conclusões a que se chega é que o texto não é um mero código a ser revelado ou desvendado.

Na interpretação dos textos, entram em jogo diversos aspectos, entre eles aspectos enunciativos, pragmáticos, referenciais, semânticos, argumentativos e contextuais e é sempre numa espécie de intrincado cálculo, cujas variáveis pertencem a esse conjunto de dimensões, que o sentido é atribuído e transformado, renovado a cada instância em que um evento textual se instaura. A relação do texto com cada um desses aspectos também está no escopo dos estudos da linguística textual.

A tradição da linguística textual, na busca por compreender como os textos significam e (re)produzem sentidos proporcionou também deslocar e desenvolver teorias semânticas, a exemplo do que fez Weinrich (2017) e Rastier (1989). Sob essa perspectiva, o centro principal de interesse é como os textos significam, e não exatamente o que significam. Nesse caso, é menos uma hermenêutica e mais uma reflexão interpretativa ou uma teoria semântica do texto.

QUAIS SÃO AS GRANDES LINHAS DE INVESTIGAÇÃO?

Uma primeira grande linha de investigação é a que parte da linguística geral para os estudos específicos do texto, com uma metodologia linguística de observação dos fenômenos do texto, isto é, uma abordagem que não desconsidera os fatores não verbais, mas está centrada nos aspectos da língua em funcionamento nos textos.

Outra grande linha que se observa na linguística textual é a de privilegiar mais o discurso, muitas vezes levando em conta também a multimodalidade dos textos, o que implica considerar outras semioses (não verbais) que estão envolvidas na construção e interpretação dos sentidos dos textos.

QUE ESTUDOS PODEM SER DESENVOLVIDOS COM A LINGUÍSTICA TEXTUAL?

Alguns exemplos sucintos de possibilidades de investigação na área são os seguintes:

- A relação entre gramática e texto: ainda que a linguística textual tenha surgido em uma espécie de oposição aos estudos gramaticais e se apresentado como que em um salto da gramática ao texto, este salto permanece ainda hoje pouco esclarecido. O estudo da frase, a qual pode ser vista ora em seu domínio gramatical, ora no texto, como aponta, por exemplo, Berrendonner (2021), é apenas um dos caminhos de muitos questionamentos acerca deste problema.
- As relações entre texto e tradução: conforme Coseriu (2010) e Weinrich (2017) apontam, existem aí muitas questões a explorar. Para esses autores, não traduzimos línguas, mas, sim, textos.
- O texto digital e o desafio de compreender a unidade e os limites do texto: conforme apontam Ciulla et al. (2022) e Paveau (2021), por exemplo, os comentários de posts, entre outros fenômenos digitais, provocam um questionamento sobre o estatuto do texto, já que de certa forma se incorporam ao post inicial e, ao mesmo tempo, tornam-se independentes e são "infinitamente" abertos, na medida em que sempre se pode adicionar mais comentários.
- Há ainda um ponto de suma importância para a linguística textual, já sinalizada no decorrer do capítulo e tangenciado no item anterior, que é o da própria formulação da noção de texto. Chamamos de texto uma

tese de doutorado em física, mas também é texto uma crônica publicada em um jornal, uma conversa telefônica entre amigos, uma tragédia de Shakespeare e um post no Instagram: o que todos esses eventos têm em comum? Adam (2019) propõe pensar sobre uma definição que seja robusta o suficiente para abarcar toda a heterogeneidade de textos e buscar uma definição de textualidade, no que diz respeito ao conjunto de operações que levam os falantes a considerar que uma sucessão de enunciados forma um todo significante.

O QUE EU PODERIA LER PARA SABER MAIS?

Para esta seção, foram selecionadas algumas leituras em língua portuguesa, que permitem pensar o texto no âmbito da linguística e que complementam a bibliografia citada ao longo do capítulo.

Adam (2019) propõe olhar para os textos como padrões recorrentes de organização, conforme suas funções de narrar, argumentar, descrever, explicar e dialogar. Ele parte de uma importante discussão sobre categorias e unidades mínimas textuais, para explicar como os textos se organizam em sequências.

Camus e Mondada (2022) são um exemplo de abordagem etnográfica e praxeológica, em que são enfatizados a interação e o monitoramento perceptual das situações comunicativas.

Em Cavalcante et al. (2022), são discutidos os conceitos de coerência, contexto, discurso, interação, sequências textuais, referenciação, organização tópica e intertextualidade. Também são feitas relações entre texto e enunciação, texto e argumentação e texto e gêneros discursivos. Este livro é o produto de vinte anos de pesquisa do grupo Protexto, da Universidade Federal do Ceará, que reúne investigadores de todo o Brasil que se dedicam à linguística textual.

A obra de Ciulla, Cavalcante e Biasi-Rodrigues (2002) é o resultado da tradução de textos que foram selecionados para o estudo linguístico dos processos referenciais, que ficou conhecido como *referenciação*. Há textos de Jean-Claude Milner, Denis Apothéloz, Marie-Elisabeth Conte, Gill Francis e Catherine Chanet, entre outras. Nesses trabalhos, fica evidente a importância da anáfora e da dêixis para o texto.

As obras de Cruz, Piovezani e Testenoire (2016) e Faraco (2016) reúnem textos de autores como Valdir do Nascimento Flores, Christian Puech, Maria Fausta Pereira de Castro, Eliane Silveira, José Fiorin, entre

146 A linguística hoje

outros. Como os próprios títulos informam, trata-se de discussões acerca da contribuição de Saussure para os estudos linguísticos atuais que incluem o texto e o discurso.

Nota

[1] Aqui empregamos a palavra *hermenêutica* para referir a interpretação de textos em geral, mas ela pode também estar associada ao estudo da explicação de textos em especial, como de textos sagrados religiosos, jurídicos, filosóficos e outros conjuntos de textos de diversas áreas do conhecimento, como a música, a psicanálise e a história.

Referências

ADAM, J-M. *A linguística textual*. Introdução à análise textual dos discursos. São Paulo: Cortez, 2008.

ADAM, J-M. La notion de texte. *Encyclopédie Grammaticale du Français*. 2019a. Disponível em: <http://encyclogram.fr/notx/026/026_Notice.php>. Acesso em: fev. 2023.

ADAM, J-M. *Textos*: tipos e protótipos. Trad. grupo Protexto. São Paulo: Contexto, 2019b.

BEAUGRANDE, R-A.; DRESSLER, W. U. *Introduction to text linguistics*. Londres, Longman, 1981.

BENVENISTE, É. *Problemas de linguística geral I*. Trad. M.G. Novak e M.L. Neri. Campinas: Pontes Editores, 2005.

BENVENISTE, É. *Problemas de linguística geral II*. Trad. E. Guimarães. Campinas: Pontes Editores, 2006.

BERRENDONNER, A. La notion de phrase. *Encyclopédie grammaticale du français*. 2021. Disponível em: <http://encyclogram.fr/notx/013/013_Notice.php>. Acesso em: fev. 2023.

CAMUS, L.; MONDADA, L. Anáfora à distância: aspectos multimodais, epistêmicos e normativos em interação. Trad. Alena Ciulla, Suzana Leite Cortez e Mayara Arruda Martins. *Revista de Letras*. v. 1, n. 41, 2022.

CAVALCANTE, M. et al. *Linguística textual* – conceitos e aplicações. Campinas: Pontes editores, 2022.

CHAROLLES, M. Introduction aux problèmes de la cohérence des textes. *Langue Française*. n. 38, 1978, pp.7-41.

CIULLA, A; CAVALCANTE, M. M.; BIASI-RODRIGUES, B. *Referenciação*. São Paulo: Contexto, 2002.

CIULLA, A.; CORTEZ, S. L.; SILVA, A. A. da; PINTO, R. Ampliação enunciativa em comentários de web-notícia: uma releitura de Paveau à luz dos estudos enunciativos benvenistianos. *Revista Investigações*. v. 35, n. especial Linguística de texto e análise da conversação: perspectivas para as tecnologias digitais, 2022, pp. 1-31,

COSERIU, E. Determinación y entorno. *Romanistisches Jahrbuch*. Hamburg: De Gruyter & Co. VII, 1955-56.

COSERIU, E. *Textlinguistik*: Eine Einführung. Tubingen: Gunter Narr, 1981.

COSERIU, E. O falso e o verdadeiro na teoria da tradução. Trad. Ina Emmel. In: *Antologia bilíngue*: clássicos da teoria da tradução, Florianópolis: UFSC, 2010.

CRUZ, M. A.; P., C.; TESTENOIRE, P-Y. *Saussure, o texto e o discurso*. Cem anos de heranças e recepções. São Paulo: Parábola Editorial, 2016.

FARACO, C. A. (org.). *O efeito Saussure*. São Paulo: Parábola Editorial, 2016.

GREIMAS, A. J. *Sémantique structurale*: recherche de méthode. Paris: Larousse, 1966.

HALLIDAY, M. A. K.; HASAN, R. *Cohesion in English*. Londres: Routledge, 1976.

JAKOBSON, R. *Essais de linguistique générale*. Paris: Éditions de Minuit, 1963.

KOCH, I. V. *A coerência textual*. São Paulo: Contexto, 1990.

KOCH, I. V. *A coesão textual*. São Paulo: Contexto, 1989.

KOCH, I. V. *A inter-ação pela linguagem*. São Paulo: Contexto, 1992.

KOCH, I. V. *Introdução à linguística textual*. São Paulo: Martins Fontes, 2004.

MARCUSCHI, L. A. Letramento e oralidade no contexto das práticas sociais e eventos comunicativos. In: SIGNORINI, I. (org.). *Investigando a relação oral/escrito e as teorias do letramento*. Campinas: Mercado de Letras, 2001.

MARCUSCHI, L. A. *Produção textual, análise de gêneros e compreensão*. São Paulo: Parábola, 2008.

NEIS, I. A. Por que uma linguística textual?. *Revista Letras de Hoje*. v. 20, n. 2, 1985.

Parâmetros Curriculares Nacionais (PCNs). Ensino fundamental. Terceiro e quarto ciclos. Brasília: MEC/ SEF, 1998.

PAVEAU, M-A. *Análise do discurso digital*: dicionário das formas e das práticas. Campinas: Pontes, 2021.

QUINTILIANUS, M. F. *Institutio Oratoria*. Trad. Bruno Fregni Basseto. Campinas: Editora da Unicamp. Livro IX, Tomo III, 2016.

RASTIER, F. *Sens et textualité*. Paris: Hachette, 1989.

RASTIER, F. A semiótica saussuriana dos textos e a historicidade específica das ciências da cultura. In: CRUZ, M. A.; PIOVEZANI, C.; TESTENOIRE, P-Y. (orgs.). *Saussure, o texto e o discurso*. Cem anos de heranças e recepções. São Paulo: Parábola Editorial, 2016, pp. 169-188.

RORTY, R. *The linguistic turn:* recent essays in philosophical method. Chicago e Londres: The University of Chicago Press, 1967.

SAUSSURE, F. de. *Escritos de linguística geral*. Organizados e editados por Simon Bouquet e Rudolf Engler. São Paulo: Cultrix, 2002.

VAN DIJK, T. A. *Some aspects of text grammars*. A study in theoretical poetics and linguistics. The Hague: Mouton, 1972.

WEINRICH, H. *Le temps*: le récit et et le commentaire. Paris: Seuil, 1973.

WEINRICH, H. *Grammaire textuelle du français*. Paris: Les Éditions Didier, 1989.

WEINRICH, H. *A linguística da mentira*. Trad. Werner Heidermann. Florianópolis: Edufsc, 2017.

Neurolinguística

Aniela Improta França

O QUE É NEUROLINGUÍSTICA?

Uma propriedade inexorável e também maravilhosa das línguas naturais é a mudança. As línguas têm plasticidade em sua essência e, por isso, se adaptam e se transformam sempre, de acordo com o espaço e os grupos sociais e principalmente ao longo do tempo. Geração após geração, as pronúncias se modificam, a morfologia se desenvolve ou decai, novas palavras são tomadas em empréstimo ou inventadas, e o significado de palavras antigas muda para se adequar a novos contextos sociais, sempre conforme os princípios que restringem as línguas naturais.

Fato é que a própria palavra *neurolinguística*, tema deste capítulo, vem tendo uma vida bem animada, e já passou por renegociações de sentido e ambiguidades, nos seus quase duzentos anos de vida, desde sua concepção, nascimento e uso até os dias de hoje.

Para investigar este longo percurso, vamos começar na França do fim do século XIX, onde se deu uma célebre história médica. No Hospital Bicêtre, nos arredores de Paris, um paciente residente, Louis Victor Leborgne, lutava há vinte anos contra uma epilepsia renitente, do tipo tônico-clônica[1], quando acabou sofrendo um AVE (acidente vascular encefálico) em decorrência da própria epilepsia. Assim, em 10 de abril de 1861, Leborgne foi transferido da ala residencial para a enfermaria cirúrgica do mesmo hospital, onde foi atendido por um grande médico anatomista e antropólogo, Pierre Paul Broca.

Depois que a doença se agravara, Leborgne havia parado de falar, condição à época conhecida como afemia. Contudo, o registro do paciente revelava também que ele respondia a tudo que lhe era perguntado através da repetição

150 A linguística hoje

da sílaba *tan*, que formava várias palavras prosódicas: *tan, tantan, tantantan* etc. Esse comportamento deu notoriedade a Leborgne, que ficou conhecido no Hospital Bicêtre como o paciente Tan.

Broca, que sofrera influência da frenologia[2], era atraído pela hipótese localizacionista, e quis logo entender que parte do cérebro de Leborgne havia sido lesionada pelo AVE e, como consequência, causava aquele comportamento tão incomum. Mas como acessar o cérebro do paciente no fim do século XIX, sem causar-lhe danos?

Missão impossível. O acesso ao crânio na virada do século XX só poderia se dar através da autópsia. Assim, dias depois, quando Leborgne veio a falecer, Broca fez a autópsia do cérebro do paciente e constatou que havia, sim, uma área lesionada, na terceira circunvolução do lobo frontal anterior esquerdo.

Finalmente, em 1886, Broca publicou um artigo seminal relatando evidências de autópsia do cérebro de mais doze pacientes que haviam perdido a capacidade da fala fluente, quase sempre como sequela de um AVE frontal no hemisfério esquerdo. Hoje diríamos que pacientes com tais lesões teriam sido acometidos por afasia de Broca.

Um exemplo típico de fala de um afásico de Broca[3] seria "Não, meia, calor", significando "Não quero vestir as meias porque estou com calor". Isso porque na afasia de Broca as palavras funcionais (preposições, morfemas verbais, artigos, conjunções, advérbios) quase não aparecem, e a fala *descosturada* se apoia em nomes e adjetivos.

Em 1874, praticamente uma década depois do artigo de Broca, o anatomista, psiquiatra e neuropatologista polonês radicado na Alemanha Carl Wernicke publicou um artigo descrevendo o caso de dois pacientes que sofreram um AVE e mantinham fala razoavelmente fluente, embora de conteúdo vazio.

Wernicke relatou que o distúrbio daqueles pacientes atingia a compreensão a ponto de não conseguirem monitorar até mesmo o que eles próprios falavam. Após a morte destes pacientes[4], na dissecção cerebral, Wernicke percebeu que não havia lesão frontal, mas sim uma lesão no ponto de encontro entre os lobos temporal e parietal, na região posterior do hemisfério esquerdo, local que hoje se denomina área de Wernicke. Um exemplo de fala de um paciente com afasia de Wernicke seria: "Não coloco as meias no lustre do calor porque estou aqui e a água foi lá".

Junto a seus discípulos, Wernicke organizou seus próprios achados e os de Broca em um esquema anatômico para a linguagem, conhecido como *modelo clássico ou modelo conexionista da linguagem*, porque *conectava* as áreas de Wernicke e de Broca para dar conta das funções principais da linguagem: entender e falar.

O modelo clássico, assim bem esquemático (cf. Figura 1, à esquerda, em sua versão original), foi usado por um século, exatamente como foi originalmente elaborado: nele vemos a área de Broca (marcada com a letra *b* no esquema) ligada à área de Wernicke (marcada com a letra *a*) por um feixe de nervos que hoje conhecemos como *fascículo arqueado* (marcado com a letra *a*), e que foi colocado no esquema dedutivamente, apesar de não ter sido visualizado à época.

Um século mais tarde, em 1972, o modelo passou por uma atualização empreendida pelo neurologista americano Norman Geschwind, mas ainda manteve as principais previsões originais (Figura 1, à direita). O Modelo Clássico foi adotado como a base do mapeamento da linguagem no cérebro e, de fato, constou nos melhores manuais de Medicina até os anos 2000.

Figura 1 – O modelo clássico em duas versões.
À esquerda: a versão original de Wernicke, de 1874:19. Por razões desconhecidas, o modelo de Wernicke foi desenhado sob o hemisfério direito.
À direita: uma versão atualizada e mais anatômica do hemisfério esquerdo, por Norman Geshwind, em 1972, adaptada pela autora.

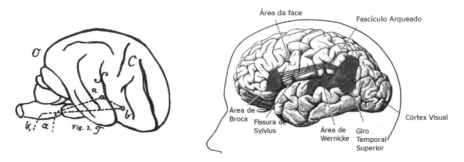

Assim, poderíamos dizer, sem incorrer em erro, que a prática da neurolinguística começou, então, no fim do século XIX, ainda que sem o nome *neurolinguística*, a partir dos estudos de Broca e Wernicke, e da formulação do modelo clássico, correlacionando disfunções de linguagem com a área lesionada e relacionando as áreas responsáveis pela concatenação, execução e recepção da fala.

É importante ressaltar que nem só o ponto de vista *neuro* (em *neurolinguística*) seria novidade naquele momento. Também, a própria noção de *linguística* como uma ciência independente só seria aventada pela primeira vez através do livro póstumo de Saussure, *Curso de linguística geral*, cuja primeira edição é de 1916.

O QUE A NEUROLINGUÍSTICA ESTUDA?

Como vimos no breve histórico apresentado, até o fim do século XIX, tempo dos pioneiros Broca e Wernicke, a palavra *neurolinguística* não tinha ainda sido cunhada, embora já pudéssemos contar com a sua primeira definição:

> Neurolinguística: ramo da ciência que estuda os déficits linguísticos que se seguem a danos causados ao tecido cerebral.

Se formos examinar a prática desta nova ciência durante seus cem primeiros anos, a correlação entre déficits cognitivos sutis, do tipo *afasia*, e as partes do cérebro lesionadas se dava ainda de forma muito rudimentar, esquemática e abstrata, porque eram dados exclusivamente amostrais que não revelavam a dinâmica do cérebro em funcionamento. Eram dados estáticos oriundos de autópsias, como uma fotografia.

Paralelamente, o impedimento de se pesquisar o cérebro vivo em funcionamento fez surgir naturalmente um novo campo, a fonoaudiologia, visando tratar os problemas de fala pelos sintomas através de exercícios. Nos Estados Unidos do final do século XIX, entre os primeiros livros sobre distúrbios da fala e como tratá-los, o mais famoso foi escrito por um médico americano, Samuel Potter, que gaguejava. Em seu livro, ele revisou a literatura sobre distúrbios da fala, enfocando especificamente a terminologia e os tratamentos que vieram eventualmente mais tarde caracterizar a prática da fonoaudiologia (Potter, 1882).

Os achados de Potter foram fundamentais para atrair novos terapeutas para a área e também para criação da Associação Americana da Fala e Audição de Linguagem em 1925 (ASHA – American Speech-Language-Hearing Association), que, até os nossos tempos, é parte do contexto imediato de ação da neurolinguística.

QUAIS SÃO AS GRANDES LINHAS DE INVESTIGAÇÃO?

O termo *neurolinguística* só foi então realmente cunhado no século XX, na década de 1940, independentemente, por uma americana, professora de línguas e linguista, Edith Crowell Johnson Trager, e por um cientista francês, Henri Hécaen. Cada qual respectivamente seria responsável por influenciar uma das duas grandes vertentes da neurolinguística que chegaram até os nossos tempos: uma de cunho prático e assistencial e outra de pesquisa empírica básica.

Neurolinguística   153

A primeira vertente, iniciada por Edith Trager, desenvolvia uma intervenção comportamental e prática aludindo a termos como *neuro e cérebro* de forma indireta. Influenciada pelos exercícios de fonoaudiologia de Potter, Trager começou a usar o termo *neurolinguística* trazendo para ele novos contratos de sentido importantes. Por exemplo, Trager focava não mais nas perdas de linguagem, mas, sim, nos estudos de aquisição de segunda língua e também de primeira. Trager também foi influenciada pelo behaviorismo de Skinner, muito em voga nos Estados Unidos, nos meados do século XX. O behaviorismo afirmava ser possível modular qualquer comportamento através de exercícios de condicionamento, até mesmo o comportamento linguístico (Trager, 1956).

Assim Trager preconizava *exercitar o cérebro* para conseguirmos aprender a língua nativa e línguas adicionais. Na prática, ela usava os exercícios de repetição (*drills*) porque acreditava que os exercícios de repetição ofereceriam *uma chave de entrada no cérebro do aprendiz, para lá construir uma nova língua automatizada.*

A noção *neuro,* portanto, era usada despretensiosamente, sem que houvesse qualquer embasamento empírico sobre o real funcionamento do cérebro. Com Trager chegamos a uma segunda definição do termo:

> Neurolinguística: ramo da ciência que estuda as formas de condicionar o cérebro na aquisição da língua mãe ou de uma língua estrangeira.

A segunda vertente surge logo na próxima década, na França, com o psiquiatra e neuropsicólogo Henry Hécaen. Trata-se de uma vertente empírica da *neurolinguística* que se estabelece como uma subdisciplina da neuropsicologia. O termo naquele momento ganhou novos conteúdos e começou a aparecer em publicações científicas (por exemplo, Hécaen, Dubois e Marcie, 1967), enfocando o estudo de déficits verbais decorrentes de lesões corticais que já começavam a ser verificadas diretamente no cérebro, embora ainda de forma incipiente. Para Hécaen, a neurolinguística tornaria as neurociências – neurologia, neuroanatomia, neurofisiologia e neuroquímica – mais próximas entre si e também acabaria por encampar a semiótica e a comunicação humana (psicologia experimental, psicolinguística e linguística).

Hécaen de certa forma reeditou os propósitos originais de Broca e Wernicke dando a eles maior especificidade neurofisiológica, em um programa de pesquisa científica em três etapas, sendo a terceira ainda uma novidade que não poderia ser atingida naquele momento, mas que figurou como uma aposta acertada no rumo de evolução do novo campo. Assim chegamos a uma terceira definição:

> Neurolinguística: ramo da ciência que se ocupa de: (1) descrever e classificar déficits linguísticos com base em hipóteses sobre as causas subjacentes; (2) identificar as correlações entre tais tipos de déficits e locais de lesão; (3) interpretar o papel dos mecanismos cerebrais no processamento da linguagem com base no exposto anteriormente. (Hécaen e Dubois, 1971: 23).

De fato, logo em seguida, em 1980, nos Estados Unidos, Marta Kutas e Stephen Hillyard da Universidade de San Diego começaram a explorar *o papel dos mecanismos cerebrais no processamento da linguagem*, mas de indivíduos sãos, através da análise da eletrofisiologia coletada através de um EEG (eletroencefalógrafo). O objetivo era tentar relacionar as ondas bioelétricas coletadas no escalpo dos participantes com o processamento de certos aspectos linguísticos. Para isso utilizavam a metodologia denominada potencial relacionado a evento (ERP – do inglês *event-related brain potential*)[5].

Kutas e Hillyard observaram que, depois da violação de uma expectativa semântica de uma sentença, por exemplo, *João comeu **sandália***, exatamente no ponto em que o participante lia ou ouvia *sandália,* se formava uma onda bioelétrica com um pico negativo (plotado para cima por convenção) com amplitude maior do que o pico das outras ondas (Figura 2). Era um componente que começava aos 200ms depois do estímulo de *sandália* e encontrava sua elevação máxima aos 400ms pós-estímulo. Essa onda se sobressaia nas regiões posteriores do cérebro, mais do que nas anteriores e mais à esquerda do que à direita (Kutas e Hillyard, 1980).

Este *ERP* ficou conhecido como N400 – já que é um pico negativo (N) que se forma aproximadamente aos 400ms (N400), após o instante de estimulação. Hoje em dia, o N400 é um achado robusto, já testado em mais de duzentas línguas e que tem sido relacionado à dificuldade de reanálise linguística on-line do elemento incongruente que impacta o processamento com uma espécie de *susto semântico.*

Figura 2 – Os eletrodos colocados na posição central do lobo parietal (Pz) captaram o componente ERP em cinza aos 400ms. Pode-se notar um N400 de alta amplitude, marcando o ponto da incongruência (|) em *João comeu | sandália*, em que as expectativas de completar o verbo *comer* são violadas com a entrada da palavra *sandália*. A onda preta mostra um ERP de baixa amplitude, marcando o ponto de congruência em que as características eventivas do verbo *comer* são plenamente atendidas pelo argumento *sanduíche*. Fonte: Plotagem de sinal de ERP extraído de experimento no laboratório Acesin (UFRJ), coordenado pela autora.

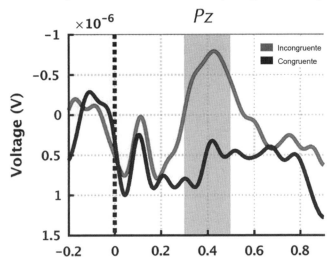

Voltando ainda em 1971, o linguista Harry Whitaker estabeleceu oficialmente a neurolinguística como um braço de pesquisa dentro da linguística ao ministrar um curso chamado *Introdução à neurolinguística* no tradicional curso de verão da Sociedade Linguística da América. Em seguida publicou o livro *Sobre a representação da linguagem no cérebro humano*, em que sugeriu que as teorias linguísticas e neurológicas deveriam buscar uma forma de se compatibilizarem e que a neurolinguística seria a ciência a fazer isso. Essa sugestão passou realmente a ser o *desideratum* de toda vertente experimental da neurolinguística (Whitaker, 1971).

O mesmo Whitaker, em 1974, fundou a revista *Brain and Language* que, até os nossos dias, é um dos destinos mais confiáveis para a publicação dos melhores artigos em Neurolinguística.

Paralelamente, na mesma década de 1970, como uma evolução da vertente aplicada trazida por Trager, surge a *programação neurolinguística* (PNL), protagonizada por um filósofo e um linguista americanos da Universidade da Califórnia em Los Angeles, Richard Bandler e John Grinder. Eles criaram uma neurolinguística que funcionava como psicoterapia. Reforçando a ambiguidade que o termo ganhou, é interessante ressaltar-se que Grinder havia estudado

156 A linguística hoje

com o grande psicólogo Jorge Miller, que é um nome fundamental da gramática gerativa, que por sua vez é o arcabouço teórico que embasa muitos dos estudos da vertente empírica da neurolinguística. Ou seja, as duas vertentes da neurolinguística aqui se entrelaçaram.

Muitas vezes sem nenhum respaldo empírico, a PNL assume o formato de ciência de autoajuda e se sustenta em quatro pilares principais: o cultivo e estabelecimento de *rapport* (provimento de novas avenidas sociais visando à cura), conhecimento sensorial (autoatenção aos sentidos), resultado (pensamento firme na direção dos objetivos, já que pensamento é propagado como matéria) e flexibilidade comportamental (capacidade de fazer diferente toda vez que o objetivo for atingir algo novo). A metodologia baseada em exercícios de repetição de mantras de autoafirmação se assemelha bastante às práticas de *drill* behavioristas que Edith Trager declarou que poderiam condicionar o cérebro. Por isso, a autora é citada como referência por Bandler e Grinder nos textos sobre a metodologia da PNL. Contudo, a PNL propaga seus próprios alcances e definições:

> Neurolinguística na PNL: o estudo da estrutura da experiência subjetiva através de uma estratégia de treinamento acelerado para a detecção e utilização de padrões no mundo.

Para escapar da ambiguidade do nome igual nas duas vertentes tão diferentes, na virada do século XXI quase todos os laboratórios envolvidos com pesquisa básica em neurociência procuraram adotar um termo novo. No lugar de neurolinguística, começou-se a usar o termo *neurociência da linguagem*, para evitar confusão.

A partir do final do século XX, desde a década de 1990, houve uma enorme mudança no campo das neurociências cognitivas com o advento de tecnologias de monitoramento cognitivo não invasivas. O cérebro de um falante típico passou a poder ser estudado durante o processamento linguístico, ou seja, enquanto está lendo, ouvindo e falando. Também passou a ser possível examinar o funcionamento do cérebro com alguma lesão, observando-se como se organizam as compensações cognitivas na disfunção.

Com a observação da atividade cerebral propiciada por estas técnicas, muitas ideias estabelecidas sobre neurolinguística – em particular, os papéis das tradicionais *áreas de linguagem* no modelo clássico – foram desafiadas e, em alguns casos, derrubadas por evidências mais recentes.

Hoje sabemos que, além das áreas clássicas de Broca no lobo frontal e área de Wernicke no lobo temporal, há várias outras áreas corticais nos lobos frontal, parietal, temporal e occipital em ambos os hemisférios em que aspectos linguísticos são processados e depois mobilizados por todo o cérebro através de redes neurais, compostas por neurônios e células gliais. Essas redes neurais estão conectadas às partes do cérebro que controlam nossos movimentos (incluindo aqueles necessários para produzir a fala) e nossas sensações internas e percepções externas (sons, imagens, tato) incluindo aquelas ligadas à linguagem: fala, leitura, sinalização de uma língua de sinais, entre outras.

As conexões dentro dessas redes podem ser fortes ou fracas, e a informação que uma célula envia pode aumentar a atividade de células vizinhas e inibir a atividade de outras. Quanto mais vezes uma conexão é usada, mais forte ela fica. Córtices densamente conectados de células cerebrais realizam cálculos integrados com informações provenientes de outros locais do cérebro. Muitas computações são realizadas simultaneamente, já que o cérebro é um processador que funciona massivamente em paralelo.

Para se rastrear toda essa dinâmica contínua do cérebro, há dois caminhos principais: (i) através do curso da circulação sanguínea cerebral (hemodinâmica); e (ii) através do curso da eletricidade nos neurônios (eletrofisiologia).

As técnicas hemodinâmicas podem fornecer a localização cortical precisa de cognições saudáveis ou de disfunções. A resolução espacial fina vem da ressonância magnética funcional (fMRI), observando-se as concentrações de oxigênio no sangue (BOLD) ou as mudanças na maneira como o sangue absorve a luz infravermelha próxima (espectroscopia de infravermelho próximo, NIRS). Essas técnicas fornecem imagens precisas das áreas do cérebro ativadas durante o funcionamento cognitivo típico ou atípico, mas não têm precisão temporal.

Para outras finalidades em que o tempo de processamento é mais informativo, o melhor método é analisar os sinais elétricos e magnéticos que os neurônios enviam uns aos outros, detectados através de sensores fora do crânio (eletroencefalografia, EEG; magnetoencefalografia, MEG; e potenciais relacionados a eventos, ERP). Estes são métodos com excelente acuidade temporal. O N400 citado anteriormente é um componente detectado através desse tipo de método.

Além de escanear a atividade do cérebro pela eletricidade ou sangue, hoje também é possível *estimular* o cérebro temporariamente através da técnica de estimulação magnética transcraniana (TMS). Essa mobilização é usada frequentemente no tratamento de transtornos neurodegenerativos progressivos, como a Doença de Alzheimer, que se manifestam pela deterioração cognitva da memória e de uma variedade de outras atividades cognitivas incluindo alterações de linguagem.

As técnicas fMRI, NIRS, ERP e EEG são isentas de riscos e, portanto, podem ser usadas eticamente para pesquisas em falantes típicos, bem como em pessoas com afasia e outras disfunções de linguagem que não se beneficiariam particularmente de participar de um estudo de pesquisa. Com elas, chegamos finalmente ao estado atual da neurolinguística ou neurociência da linguagem, já que os dois termos são hoje usados como sinônimos:

> A neurolinguística ou neurociência da linguagem é o estudo de como a linguagem é representada e processada no cérebro: isto é, como e onde armazenamos nosso conhecimento da língua ou línguas que falamos, sinalizamos, entendemos, lemos e escrevemos. Enfim, é o estudo de tudo o que acontece no cérebro durante a aquisição, o uso típico, a disfunção e também durante a perda de linguagem.

QUAIS ESTUDOS PODEM SER DESENVOLVIDOS COM A NEUROLINGUÍSTICA?

Hoje em dia os neurolinguistas se dedicam a responder as perguntas fundamentais sobre a faculdade de linguagem: o que torna possível a linguagem humana em nossos cérebros? Como se criam novas palavras? Onde e de que forma elas são armazenadas? Como os conceitos se atualizam na mente de falantes de uma só língua e de mais de uma língua?

A neurolinguística vem também se colocando como um braço da biologia evolutiva investigando por que nosso sistema de comunicação é tão elaborado e tão diferente dos sistemas de comunicação de outros animais. Há também uma grande concentração de estudos sobre as características do bilinguismo, como se alternam os idiomas e como se evita a interferência linguística entre eles. Outras investigações buscam entender as diferenças de funcionamento no cérebro de um monolíngue em comparação com um bilíngue. Estuda-se também a plasticidade cerebral, até quando se mantém a facilidade de aprender uma língua como falante nativo e quando e por que esses períodos críticos propícios para o desenvolvimento de linguagem se fecham e dificultam o aprendizado de línguas adicionais mais tarde, na adolescência e na vida adulta. Outras indagações da área procuram delimitar o perímetro exclusivo da cognição de linguagem e o perímetro comum em relação a outras cognições, como processamento de música e matemática. Explora-se também a interface entre a neurolinguística e outros domínios como a educação, na qual o tema da aquisição da escrita recebe um enfoque principal: como as pessoas aprendem a ler, a escrever e qual a importância destes aprendizados para a cognição geral? Finalmente, no campo original das perdas linguísticas, investiga-se ainda com frequência uma grande variedade de disfunções linguísticas genéticas ou adquiridas e a capacidade de reversão dos sintomas através de treinamento cognitivo ou de soluções cognitivas plásticas que se desenvolvem naturalmente no cérebro de indivíduos atípicos.

O QUE EU PODERIA LER PARA SABER MAIS?

- Sobre neurociência e neurolinguística

Lent (2022) – O *Cem bilhões de neurônios?* é um marco brasileiro na neurociência. Foi escrito por uma equipe coordenada pelo professor Roberto Lent, que é um neurocientista brasileiro, membro titular da Academia Brasileira de Ciências condecorado como comendador na Ordem Nacional do Mérito Científico. Com cerca de 800 páginas ilustradas em cor, traz informações fundamentais sobre neurociência apresentadas de forma descomplicada, bem-humorada, em edições constantemente atualizadas. O livro foi organizado em cinco partes, desde a parte 1, "Neurociência celular", até a parte 5, "Neurociência das funções mentais", que traz informações básicas sobre neurolinguística. Em anexo há também um miniatlas de neuroanatomia.

Ros (2018) – O *Neurocomic* é o que conhecemos como *graphic novel*, que se utiliza do estilo descompromissado dos quadrinhos para passar informações científicas cuidadosas. Um superlivro para quem quer começar a aprender sobre neurociência, mas acha que os conceitos são complicados demais.

- Sobre as afasias

Othero e Flores (eds.) (2022) – O livro *O que sabemos sobre linguagem: 51 perguntas e respostas sobre a linguagem humana* é imperdível para quem tem curiosidade sobre a cognição de linguagem. Reúne uma gama de especialistas falando com certa profundidade sobre muitos aspectos linguísticos. Ao final, o leitor fica com uma boa noção cientificamente informada da cognição de linguagem. No capítulo "O que é afasia?", encaminhei o assunto desenvolvendo uma classificação das afasias inserida em um arcabouço histórico, mas também pude exemplificar com um caso real que acompanhou a breve exposição.

160 A linguística hoje

- Sobre a fonoaudiologia

França (org.) (2022) – *Linguística para fonoaudiologia: interdisciplinaridade aplicada* é um livro essencial para se incrementar a ponte nem sempre óbvia entre a fonoaudiologia e a linguística. É um livro que saiu da atividade de linguistas como professores nos cursos de fonoaudiologia. A dificuldade de se estabelecer esta interdisciplinaridade foi a inspiração para o livro se organizar em capítulos em que linguista e fonoaudiólogo escrevem sempre em coautoria.

- Sobre a PNL (programação neurolinguística)

Ready (2019) – A *programação neurolinguística para leigos* traz as ideias básicas da PNL no campo da autoajuda no entendimento de como cada um de nós pensa, sente e entende o sentido da vida cotidiana no mundo a nossa volta. Além disso, oferece os exercícios para aplicar a PNL na prática para resolver problemas, entender melhor a si mesmo e aos outros.

Notas

[1] Na epilepsia tônica, o paciente apresenta convulsões com rigidez muscular geralmente afetando os músculos dos braços, pernas e costas. Nas crises clônicas, aparecem movimentos rítmicos ou repetitivos com grande força muscular. Nas crises convulsivas tônico-clônicas, há perda de consciência, rigidez e tremor pelo corpo, aperto mandibular e, em alguns casos, perda do controle da bexiga e da língua, além de os movimentos involuntários exporem o cérebro a constantes impactos.

[2] A frenologia é uma teoria sobre a personalidade humana que se originou no final do século XVIII em Viena, com o médico alemão Franz Joseph Gall. Ele buscava estabelecer uma relação de um para um entre as irregularidades topográficas do crânio e as funções mentais de alto nível, traduzidas em aspectos fixos de caráter moral – faculdades ou aptidões. Gall afirmava que as protuberâncias e depressões no crânio sinalizavam e acompanhavam as protuberâncias e depressões do tecido cerebral e se relacionavam respectivamente a excessos ou fraquezas de certos aspectos da personalidade e do caráter do indivíduo que tinham local fixo no cérebro. O objetivo do cientista seria mapear essas funções. Então, a frenologia era uma teoria localizacionista que buscava o local no cérebro que governava estes aspectos da personalidade e o grau em que eles se manifestavam em um dado indivíduo. Por exemplo, ter uma protuberância na área da emotividade significaria que aquele indivíduo seria muito emotivo. Depois de um grande sucesso mundial, a frenologia foi considerada charlatanismo e foi banida do cenário científico, mas o localizacionismo ainda tem lugar nas neurociências dos dias de hoje e, de fato, aspectos de várias cognições estão consistentemente mapeadas ou parcialmente mapeadas.

[3] Note-se que o paciente 1 de Broca, que só falava *tan*, não era um típico afásico de broca. Nos anos 1980, estudos de neuroimagem do cérebro de Leborgne, preservado em um museu em Paris, confirmaram que a lesão cortical atingia também a região subcortical da ínsula. Hoje em dia se sabe que a incrustação reiterada de uma sílaba na fala tem relação com lesão insular (Signoret, 1984; Dronkers, 2007).

[4] Vale a informação de que, no século XIX, ser acometido por um AVE era semelhante a ganhar uma sentença de morte, porque não havia métodos acurados de medição ou controle da pressão sanguínea. Por isso, Broca e Wernicke puderam eventualmente autopsiar praticamente todos os pacientes que chegaram a eles com problemas de linguagem em decorrência de um AVE, porque quase todos faleceram em pouco tempo.

[5] A técnica de extração de ERP ou potencial relacionado a eventos informam com precisão sobre o curso temporal do processamento linguístico. Com essa técnica, a partir do sinal elétrico bruto captado por um eletroencefalograma, um dado componente bioelétrico que pode ser relacionado a um evento ou estímulo experimental. Uma vez exibido ao participante em teste, este estímulo fica marcado no traçado do EEG por um preciso sistema de acoplamento no tempo que pode ser plenamente relacionado à resposta elétrica medida no córtex do participante.

Referências

BANDLER, R.; GRINDER, J. *The structure of magic*: a book about language and therapy. [S.l.]: Science and Behavior Books Inc., 1975, pp. 5-6.

BANDLER, R. Time for a change. [S.l.]: Meta Pubns. p. vii, 1993

DRONKERS, N. F.; PLAISANT, O.; IBA-ZIZEN, M. T.; CABANIS, E. A. Paul Broca's historic cases: high resolution MR imaging of the brains of Leborgne and Lelong. *Brain.* v. 130, 2007, pp. 1432-1441.

FRANÇA, A. I. O que é afasia? In: OTHERO, G. Á.; FLORES, V. do N. (org.). *O que sabemos sobre linguagem*: 51 perguntas e respostas sobre a linguagem humana. São Paulo: Parábola Editorial, 2022, pp. 15-21.

FRANÇA, A. I. (org.) *Linguística para fonoaudiologia*: interdisciplinaridade aplicada. São Paulo: Contexto, 2022.

HECAEN, H., DUBOIS, J., ; MARCIE, P. Aspects linguistiques des troubles de la vigilance au tours des lesions temporales anterointernes droite et gauche. *Neuropsychologia.* v. 5, 1967, pp. 311-328.

KUTAS, M.; HILLYARD, S. Reading senseless sentences: brain potentials reflect semantic incongruity. *Science.* v. 207, 1980, pp. 203-205.

LENT, R. *Cem bilhões de neurônios?* Conceitos fundamentais de neurociência. Rio de Janeiro: Atheneu, 2022.

POTTER, S. O. L. Speech and its defects: considered physiologically, pathologically, historically, and remedially. Edited by Philadelphia: P. Blakiston, Son & Co, 1882.

READY, R. *Programação neurolinguística para leigos*. São Paulo: Alta Books, 2019.

ROS, H. *Neurocomic:* uma história em quadrinhos sobre a máquina mais poderosa do corpo humano – o cérebro. Rio de Janeiro: Darkside, 2018.

SIGNORET, J. L.; CASTAIGNE, P.; LHERMITTE, F.; ABELANET, R.; LAVOREl, P. Rediscorevy of Leborgne's brain: anatomical description with CT scan. *Brain Lang.* v. 22, 1984, pp. 303-319.

TRAGER, E. C.; HENDERSON, S. C. Pronunciation drills for learners of English. Nova York: Prentice Hall, 1956.

WHITAKER, H. A. On the representation of language in the human brain. Edmonton: Linguistic Research, 1971.

Psicolinguística

Ingrid Finger

O QUE É A PSICOLINGUÍSTICA?

Você sabe explicar como você é capaz de ler e compreender esta frase? Ou o que está por trás do simples ato de, ao olhar o cardápio de um restaurante, dizer ao garçom qual o prato que vai escolher para jantar? Ou ainda o que o torna capaz de expressar sua opinião (ou sentimento) a respeito de algum assunto ou de pedir uma sugestão de livro ou filme a alguém? A linguagem desempenha um papel central em nossas vidas; entretanto, são raros os momentos em que paramos para analisar a complexidade que está por trás de seu uso cotidiano. A linguagem, em sua forma oral ou sinalizada ou na modalidade escrita, permeia todos os aspectos da vida humana, em todas as sociedades e culturas.

Ao contrário do domínio da língua escrita, que depende de instrução específica e de muitas oportunidades de prática, a aquisição das habilidades de produção da fala na língua materna se dá de forma natural e sem grande esforço aparente para a maior parte das pessoas. Mesmo antes de serem capazes de se vestirem sozinhas ou de amarrarem o cadarço do tênis, as crianças desenvolvem a capacidade de se comunicar de forma bem-sucedida. Entretanto, o uso da linguagem envolve um processamento bastante complexo, e é somente quando os indivíduos têm alguma dificuldade com esse processamento, por exemplo, no caso de distúrbios de linguagem como a afasia, que percebemos tal complexidade. Esse é justamente o foco da psicolinguística, que é o campo de estudo que investiga como as pessoas compreendem, produzem e adquirem a linguagem em sua forma oral, escrita ou sinalizada. Isto é, a psicolinguística investiga como somos capazes de falar e compreender a linguagem, como as pessoas adquirem essas capacidades e de que forma o cérebro dá conta desse complexo processamento.

164   A linguística hoje

Desde seu nascimento, a psicolinguística tem um caráter interdisciplinar, fazendo uso de contribuições advindas de áreas como a psicologia, linguística, filosofia, antropologia, educação, ciências cognitivas, neurociências e ciências da computação, influenciada pelas práticas e metodologias de pesquisa e ensino de todas essas áreas. É por vezes chamada de psicologia da linguagem e se apresenta como uma área distinta da psicologia cognitiva, uma vez que essa estuda de que forma a informação é processada e armazenada no cérebro, ao passo que a psicolinguística busca elucidar como o cérebro processa a linguagem.

Em comparação com algumas outras áreas do conhecimento, a psicolinguística como um campo independente e reconhecido é relativamente nova. Alguns atribuem a sua origem a um seminário que ocorreu em 1951 na Universidade de Cornell, nos Estados Unidos, cujas discussões resultaram em publicações organizadas pelos pesquisadores Charles Osgood e Thomas Sebeok. É interessante notar, ainda, que a natureza interdisciplinar das discussões se refletiu no fato de que o seminário foi relatado em um periódico da psicologia (Osgood e Sebeok, 1954a) e um da linguística (Osgood e Sebeok, 1954b). Há alguns autores, ainda, que defendem que a psicolinguística surgiu juntamente com a chamada "Revolução Cognitiva" do final da década de 1950 e começo da década de 1960 (Miller, 1968), a partir da crítica de Chomsky ao livro *Comportamento verbal* (*Verbal behavior*) de B. F. Skinner (1957), publicada em 1959[1]. Em seu artigo, Chomsky (1959) argumenta que a linguagem é um construto mental e que o conhecimento da linguagem é representado na mente e cérebro do indivíduo. Essas ideias tiveram um grande impacto e causaram uma mudança de paradigma nos estudos da psicologia e da linguística, principalmente, que passaram a substituir os modelos behavioristas sobre a linguagem com uma visão cognitiva que passou a se ocupar das representações mentais e processos que subjazem o uso cotidiano da linguagem.

A verdade, entretanto, é que embora as décadas de 1950 e 1960 tenham sido palco de um declarado interesse na elucidação dos mecanismos que subjazem o processamento das habilidades de compreensão e produção da linguagem, os primeiros estudos empíricos sobre como ocorre o processamento da linguagem humana datam de muitas décadas antes, do final do século XIX, e surgiram a partir da curiosidade e interesse de médicos, psicólogos, filósofos, linguistas e pedagogos que realizaram importantes descobertas (Levelt, 2013). Na época, tais estudos aconteciam sob o rótulo de psicologia da linguagem. No que se refere às regiões do cérebro que processam a linguagem, por exemplo, Franz Joseph Gall é considerado o pioneiro, seguido por Paul Broca e Karl Wernicke, que investigaram a perda linguística em pacientes afásicos.

Além disso, os estudos experimentais sobre o processamento cognitivo realizados em ambiente controlado de laboratório têm origem no trabalho de Franciscus Donders (1868), que foi o primeiro pesquisador a fazer uso de um cronômetro para medir o tempo que os indivíduos levam para nomear um estímulo fornecendo respostas orais. Em suas pesquisas, Donders demonstrou que o tempo que um indivíduo demora para desempenhar uma tarefa depende da complexidade dessa tarefa, e é justamente essa complexidade que vai determinar o número e os tipos de estágios mentais envolvidos na sua resolução. A intenção de Donders foi descrever os processos que ocorrem na mente ao analisar a atividade cognitiva, separando-a em estágios distintos. Até o trabalho de Donders, muitos (se não a maioria dos) cientistas presumiam que as operações mentais envolvidas na resposta a um estímulo ocorriam instantaneamente, independentemente da complexidade da tarefa. Na época, as pesquisas de Donders foram publicadas em holandês, alemão e francês, e foram traduzidas um século mais tarde para o inglês na obra *On the Speed of Mental Processes*, publicada no periódico *Acta Psychologica* (1969).

Além de Donders, vale destacar também a contribuição do psicólogo norte-americano James McKeen Cattell (1886a, 1886b, 1887), que foi pioneiro na investigação dos processos que subjazem o uso da linguagem em indivíduos bilíngues. As pesquisas iniciais de Cattell envolvendo participantes bilíngues foram realizadas durante o seu período de doutorado na Alemanha. Usando um cronômetro de gravidade modificado, o pesquisador mediu a quantidade de tempo que os participantes levavam para realizar tarefas experimentais que envolviam a leitura de letras e palavras e nomeação de gravuras. As pesquisas desenvolvidas por Cattell empregando medidas de tempo de reação (TR) foram de grande impacto para a área, introduzindo procedimentos metodológicos considerados essenciais em estudos psicolinguísticos atuais.

Desde a segunda metade do século XIX até os dias atuais, houve grande avanço metodológico nas pesquisas experimentais em psicolinguística, principalmente a partir da adoção de técnicas de neuroimagem, como a ressonância magnética funcional (*functional magnetic resonance imaging* – fMRI) e de outras ferramentas de coleta de dados importantes como, por exemplo, o rastreador ocular[2]. Hoje, a psicolinguística é considerada uma disciplina consolidada. Na próxima seção, abordaremos em maior detalhe os fenômenos analisados nas pesquisas da área.

O QUE A PSICOLINGUÍSTICA ESTUDA?

Como vimos, os estudos desenvolvidos na psicolinguística buscam elucidar nossa compreensão sobre a natureza das representações mentais e dos processos envolvidos no uso cotidiano da linguagem (Warren, 2013), ou seja, que subjazem a compreensão, o armazenamento e a produção da linguagem, em sua modalidade oral, sinalizada ou escrita.

No que concerne à investigação da natureza das representações mentais da linguagem, destacam-se as pesquisas que possuem como foco central a organização do léxico mental, buscando compreender como se estrutura o vocabulário que armazenamos em nossa memória. Ou seja, o nosso léxico está estruturado a partir de representações fonéticas, semânticas ou ambas? Por exemplo, a palavra "gato" está armazenada próxima da palavra "galho", com a qual se aproxima foneticamente, ou próxima da palavra "cachorro", com a qual se relaciona semanticamente? E o que acontece com o plural das palavras, como, por exemplo, "gatos"? Possuímos as duas representações mentais em nosso repertório ou existe alguma forma de organização a partir da qual armazenamos apenas "gato" e a flexão de plural acontece através de outro processo? De que forma os significados das frases são representados em nossa memória? E o que acontece no caso de expressões idiomáticas, como "matar um cachorro a grito"?

Tais questões tornam-se ainda mais complexas quando são investigados usuários de mais de uma língua, pois nem sempre existe sobreposição total das duas ou mais línguas do falante. Além disso, questões como nível de proficiência e domínio de uso, além de mecanismos cognitivos como a memória de trabalho, por exemplo, irão impactar na forma como o vocabulário de cada uma das línguas do bilíngue é acessado.

No que se refere ao processamento da linguagem, por sua vez, várias são as questões investigadas. Por exemplo, na compreensão da linguagem, busca-se investigar como ocorre a decodificação do sinal acústico: afinal, a análise ocorre fonema a fonema ou nosso cérebro identifica unidades maiores, como sílabas? Além disso, como somos capazes de, ao ouvir um enunciado, construir uma representação mental do significado das ideias expressas nesse enunciado? Na análise da produção da linguagem, como os indivíduos são capazes de converter uma determinada ideia em um enunciado? E quais são os estágios pelos quais passamos durante a construção de enunciados? Ou seja, a partir de uma intenção, primeiro construímos uma estrutura de frase e, depois, a preenchemos com palavras retiradas do nosso léxico mental ou primeiro escolhemos as palavras a partir de seus significados e depois formamos a frase a partir delas? Em que medida os processos de compreensão e produção se influenciam mutuamente?

Novamente, no caso de bilíngues, esses processos passam a ser ainda mais complexos, e apenas recentemente pesquisadores da psicolinguística e das ciências cognitivas e da linguística têm reconhecido que o uso de duas ou mais línguas pode vir a fornecer uma oportunidade única de examinar os processos cognitivos subjacentes ao uso da linguagem. Por essa razão, cada vez mais o bilinguismo tem sido considerado uma espécie de janela para a cognição (cf. Kroll et al., 2014).

QUAIS SÃO AS GRANDES LINHAS DE INVESTIGAÇÃO?

Como vimos acima, a pesquisa em psicolinguística tem como foco investigar o que caracteriza os processos de compreensão – ou recepção – e produção da linguagem, tanto na língua falada ou sinalizada como na língua escrita. Dessa forma, espera-se ampliar nossa compreensão sobre como o processamento da linguagem molda a comunicação, mesmo que os processos envolvidos sejam tão estabelecidos e automatizados que os indivíduos não mais se deem conta da sua existência.

É importante ressaltar, entretanto, que a distinção entre processos de compreensão e de produção da linguagem é, em certa medida, arbitrária e artificial, dado que o uso da linguagem se caracteriza por representações e processos que são comuns a ambos e que se sobrepõem, à medida que os usuários empregam suas línguas para construir significado. Por exemplo, tanto a produção quanto a compreensão de enunciados dependem da ativação de informação lexical e de análise prosódica. Por essa razão, a separação entre compreensão e produção é apenas metodológica, a fim de que possamos avançar no entendimento do que está por trás de cada etapa do processamento linguístico. Assim, a partir de grande rigor metodológico na condução das pesquisas, os estudos na área têm sido capazes de, entre outras coisas, elucidar como bebês e crianças adquirem suas línguas e de que forma crianças e adultos percebem a fala e são capazes de processar os sons da língua ou das línguas a que são expostos desde o nascimento ou a que têm acesso em alguma etapa de suas vidas. Os estudos abordam, ainda, de que forma reconhecemos palavras faladas ou escritas e, também, como se caracterizam o processamento morfológico e a compreensão e a produção de frases, de textos e do discurso. Além disso, investigam-se o

168 A linguística hoje

planejamento e a articulação da fala em indivíduos monolíngues e bilíngues, bem como busca-se compreender os processos envolvidos na leitura e no uso da linguagem figurada.

Ademais, os processos de compreensão e de produção linguística são regidos por mecanismos cognitivos de domínio mais geral, tais como a atenção, o controle cognitivo, a memória de trabalho, os sistemas de memória declarativa e procedural, a percepção, entre outros. É por essa razão que as pesquisas mais recentes em psicolinguística, principalmente aquelas que envolvem participantes bilíngues, têm também buscado elucidar de que forma tais processos cognitivos de domínio mais geral (ou seja, aqueles que subjazem a todas as ações humanas) são acionados na aquisição e uso da linguagem, mesmo não estando exclusivamente envolvidos no processamento da linguagem.

QUE ESTUDOS PODEM SER DESENVOLVIDOS COM A PSICOLINGUÍSTICA?

A fim de testar teorias e modelos de representação e de processamento linguístico, os pesquisadores da psicolinguística fazem uso de diferentes métodos de investigação. Grande parte do que hoje se sabe sobre como funciona o processamento da linguagem foi descoberto a partir de cuidadosa introspecção e observação do comportamento verbal dos indivíduos. Métodos off-line, ou métodos não cronométricos (Derwing e De Almeida, 2005), que não se baseiam em coletas de dados considerando tempo de reação ou de resposta, dominaram as pesquisas na área por muitas décadas. Há, obviamente, vantagens práticas importantes na adoção desses procedimentos, uma vez que é possível coletar dados com um grande número de participantes simultaneamente sem necessariamente implicar o uso de qualquer tipo de equipamento que meça tempo de processamento, como computadores com programas que meçam tempo de reação, como E-Prime (Psychology Software Tools, Pittsburgh, PA) ou PsychoPy (Peirce et al., 2022) ou ainda equipamentos de rastreamento ocular, por exemplo.

Em estudos desse tipo, solicita-se que os participantes se manifestem a respeito da aceitabilidade de uma frase ou reajam indicando qual a preferência de interpretação ao ler uma sentença ambígua, como no exemplo "A menina viu o cachorro do vizinho que nadava muito bem", respondendo à pergunta "Quem nadava muito bem?", indicando sua preferência, se o cachorro ou o vizinho, em um formulário. Pode-se também usar escalas, sendo a "escala de Likert" (baseada em Likert, 1932) a mais comum. Tais escalas normalmente envolvem cinco alternativas, com um rótulo atribuído a cada uma delas, como por exemplo, *concordo plenamente, concordo, não tenho opinião, discordo* e *discordo completamente*, a partir dos quais os indivíduos são convidados a se manifestar a partir da leitura de uma afirmação. Estudos que avaliam, por exemplo, grau de ansiedade no aprendizado de uma língua adicional, como na *foreign language enjoyment scale* (Dewaele e MacIntyre, 2014), empregam esses tipos de instrumento. Nesses casos, a ideia é sempre fornecer um número de alternativas que permita que diferenças entre os participantes possam emergir, sem que o participante se sinta sobrecarregado em termos de memória de trabalho para processar a análise solicitada.

A maior parte dos achados empíricos, entretanto, tem origem em estudos nos quais são construídos experimentos controlados em que são geradas e testadas hipóteses de pesquisa, investigadas através de métodos on-line ou cronométricos (Derwing e De Almeida, 2005). Nesses estudos, o pesquisador faz uso de medida de tempo de reação, que é o tempo entre a apresentação de um estímulo e a reação do indivíduo àquele estímulo. O participante é, portanto, convidado a apertar um botão ou a falar alguma coisa a partir do estímulo apresentado, e o tempo levado para que ele tenha essa reação é cronometrado. A partir daí, calcula-se uma média das respostas do indivíduo a todos os estímulos da tarefa. É importante observar que, na maior parte das vezes, a medida de tempo de reação é mais informativa do que a medida de acurácia na tarefa, pois informa sobre o custo de processamento dos itens da tarefa, independentemente do número de acertos que os participantes têm nela. Dessa forma, os pesquisadores comparam o desempenho dos participantes em itens que envolvem diferentes níveis de custo de processamento (tarefas menos e mais complexas). Além de medidas de tempo de reação através de programas e de equipamentos de rastreamento ocular[3], uma ferramenta importante empregada nas pesquisas que avaliam produção escrita são os programas de registro de ações de teclado (*keyloggers*) e outras ferramentas tecnológicas que gravam os movimentos feitos na tela de computador, que permitem avaliar aspectos processuais no desenvolvimento da escrita. No que se refere aos estudos que investigam o processamento de aspectos fonéticos e fonológicos da linguagem, são adotados também programas computacionais que possibilitam realizar análise acústica, focando em parâmetros de análise como frequência, comprimento e intensidade dos sons. Um dos programas mais conhecidos é o Praat (Boersma, 2001).

Por fim, mais recentemente, um grande número de pesquisas tem também feito uso de equipamentos que medem ativação cerebral, ou seja, que mensuram quais áreas do cérebro são prioritariamente ativadas quando um indivíduo se engaja em uma tarefa linguística específica, como na leitura de uma palavra ou frase ou na nomeação de uma figura, por exemplo. Uma das técnicas mais importantes que se tem usado para investigar o processamento linguístico são os potenciais relacionados a eventos (*event related potentials* – ERPs), que são medidos por eletroencefalografia. Nesse tipo de pesquisa, é possível verificar com bastante precisão temporal o nível de ativação cerebral quando o indivíduo reage a determinados estímulos[4].

O QUE EU PODERIA LER PARA SABER MAIS?

Existem vários manuais em inglês que introduzem conceitos básicos em psicolinguística ou apresentam estudos detalhados que investigam tópicos relacionados ao processamento da compreensão e da produção da linguagem em língua materna. Entre os mais importantes, podemos citar as seguintes obras: *Talking the Talk*, de Harley (2010), *The Cambridge Handbook of Psycholinguistics*, de Spivey, Joanisse e McRae (2012), *Introducing Psycholinguistics*, de Warren (2013), *Introduction to Psycholinguistics: Understanding Language Science*, de Traxler (2018), *Language in Mind: an Introduction to Psycholinguistics*, de autoria de Sedivy (2020), *Research Methods in Psycholinguistics and the Neurobiology of Language: A Practical Guide*, organizado por de Groot e Hagoort (2018).

Além dessas obras introdutórias, que tratam do processamento da linguagem em usuários de apenas uma língua, há livros que focam especificamente no processamento linguístico em bilíngues. Alguns desses são: *The Psycholinguistics of Bilingualism*, de Grosjean e Li (2013), *Handbook of Psycholinguistics*, de Fernández e Cairns (2018), e *The Routledge Handbook of Second Language Acquisition and Psycholinguistics*, organizado por Godfroid e Hopp (2023).

No Brasil, existe um grande número de pesquisadores dedicados à psicolinguística. Por essa razão, encontram-se muitos trabalhos relatando estudos desenvolvidos com participantes brasileiros. O livro *Processamento da linguagem*, organizado por Maia e Finger (2005), foi a primeira obra em português que apresentou estudos experimentais em psicolinguística realizados por pesquisadores brasileiros. Além desse, vale mencionar os seguintes:

Psicolinguística, psicolinguísticas (2015), *Psicolinguística e educação* (2018) e *Psicolinguística e metacognição na escola* (2019), organizados pelo professor Marcus Maia, da Universidade Federal do Rio de Janeiro, *Psicolinguística em Minas Gerais*, organizado por Oliveira e de Sá (2020), *Experimentando linguística na escola: conhecimento gramatical, leitura e escrita*, de Roeper, Maia e Pilati (2020) e *Dimensões da psicolinguística na ALFAL*, organizado por Leitão e Maia (2022).

Notas

[1] Em sua obra, Skinner elabora uma análise funcional do comportamento verbal e afirma que os sons linguísticos são emitidos e reforçados como qualquer outro comportamento humano. Por outro lado, em sua crítica, Chomsky defende que os princípios behavioristas não dariam conta de explicar a complexidade da aquisição da linguagem pela criança nem os processos mentais complexos que caracterizam a cognição humana. As trocas entre Skinner e Chomsky marcaram o início do acalorado debate *nature* X *nurture*, que versa sobre o papel das faculdades inatas e do ambiente na aquisição da linguagem.

[2] O rastreador ocular (*eye-tracker*) é um aparelho empregado para investigar a atenção visual dos indivíduos. Através dele, é possível identificar onde o sujeito fixa sua atenção, por quanto tempo e qual a sequência de movimentos que ele segue na exploração visual dos objetos. Nos estudos psicolinguísticos, é uma ferramenta muito utilizada nas pesquisas sobre leitura em geral e sobre aspectos específicos do processamento morfossintático e semântico na compreensão da linguagem.

[3] Para exemplos de estudos realizados com rastreamento ocular no Brasil, ver Maia (2018b) e Rodrigues et al. (2018).

[4] Para um exemplo de estudo com ERP sobre o português, ver Gomes e França (2020).

Referências

BOERSMA, P. Praat, a system for doing phonetics by computer. *Glot International*, v. 5, pp. 341-345, 2001.

CATTELL, J. The time taken up by cerebral operations, Parts 1 & 2. *Mind*, v. 11, 1886a, pp. 220-242.

CATTELL, J. The time taken up by cerebral operations, Part 3. *Mind*, v. 11, 1886b, pp. 377-392.

CATTELL, J. The time taken up by cerebral operations, Part 4. *Mind*, v. 11, 1887, pp. 524-538.

CHOMSKY, N. Review of B.F. Skinner's "Verbal behavior". *Language*, v.35, 1959.

de GROOT, A.M.B.; HAGORT, P. *Research methods in psycholinguistics and the neurobiology of language: a practical guide*. Oxford, UK: Wiley Blackwell, 2018.

DERWING, B. L.; de ALMEIDA, R. G. Métodos experimentais em linguística. In: MAIA, M.; FINGER, I. (orgs.). *Processamento da linguagem*. Pelotas: RS, Educat, 2005, pp. 401-442.

DEWAELE, J.-M.; MACINTYRE, P. D. The two faces of Janus? Anxiety and enjoyment in the foreign language classroom. *Studies in Second Language Learning and Teaching*, v. 4, n. 2, 2014, pp. 237-274.

DONDERS, F. C. La vitesse des actes psychiques. *Archives Néerlandaises*, III, 1869, pp. 269-317.

DONDERS, F. C. On the speed of mental processes. *Acta Psychologica*, v. 30, 1969, pp. 412-431.

FERNÁNDEZ, E. M.; CAIRNS, H. S. *Handbook of psycholinguistics*. Oxford, UK: Wiley Blackwell, 2018.

GODFROID, A.; HOPP, H. (eds.) *The Routledge handbook of second language acquisition and psycholinguistics*. Nova York, NY: Routledge, 2023.

GOMES, J. N.; FRANÇA, A. I. Processing it-cleft sentences in Brazilian Portuguese: an ERP study of leftward-moved constituents in role-reversed sentences. *Revista Linguística*, v. 16, 2020, pp. 495 - 520.

GROSJEAN, F.; LI, P. *The psycholinguistics of bilingualism*. Oxford, UK: Wiley Blackwell, 2013.

HARLEY, T.A. *Talking the talk:* language, psychology and science. Hove: Psychological Press, 2010.

KROLL, J. F.; BOBB, S. C.; HOSHINO, N. Two languages in mind: Bilingualism as a tool to investigate language, cognition, and the brain. *Current Directions in Psychological Science*, v. 23, n. 3, 2014, pp. 159-163.

172 A linguística hoje

LEITÃO, M.; MAIA, M. R. (orgs.). *Dimensões da psicolinguística na ALFAL*. São Paulo: Líquido Editorial ALFAL, 2022.

LEVELT, W. J. M. *A history of psycholinguistics:* the Pre-Chomskyan Era. Oxford University Press, 2013.

MAIA, M. R. *Psicolinguística, psicolinguísticas*. São Paulo: Editora Contexto, 2015.

MAIA, M. R. *Psicolinguística e educação*. Campinas, SP: Editora Mercado de Letras, 2018a.

MAIA, M. R. Computação estrutural e de conjunto na leitura de períodos: um estudo de rastreamento ocular. In: *Psicolinguística e educação*. Campinas: Mercado de Letras, 2018b.

MAIA, M. R. *Psicolinguística e metacognição na escola*. Campinas, SP: Editora Mercado de Letras, 2019.

MAIA, M. R.; FINGER, I. (orgs.) *Processamento da linguagem*. Pelotas, RS: Educat, 2005.

MILLER, G. A. *The psychology of communication*: Seven Essays. Harmondsworth: Penguin, 1968.

OLIVEIRA, C. S. F.; de SÁ, T. M. (orgs.). *Psicolinguística em Minas Gerais*. Contagem: CEFETMG, 2020.

OSGOOD, C. E.; SEBEOK, T. A. Psycholinguistics: a survey of theory and research problems. *Journal of Abnormal and Social psychology (Supplement)*. v. 49, 1954a, pp. 1-203.

OSGOOD, C. E.; SEBEOK, T. A. Psycholinguistics: A survey of theory and research problems. Indiana University Publications in Anthropology and Linguistics. *International Journal of American Linguistics*. Bloomington: Indiana University Press. 1954b.

PEIRCE, J. W.; HIRST, R. J.; MACASKILL, M. R. *Building experiments in PsychoPy*. London: Sage, 2022.

PSYCHOLOGY SOFTWARE TOOLS, INC. *E-Prime:* documentation article. 2017. Disponível em: <https://support.pstnet.com>. Acesso em: fev. 2023.

RODRIGUES, E. S.; FRAGOSO, L. C. P.; RIBEIRO, A. J. C. Compreensão multimodal e rastreamento ocular na leitura de gráficos. In: MAIA, M. (org.). *Psicolinguística e educação*. Campinas: Mercado de Letras, 2018.

ROEPER, T.; MAIA, M. R.; PILATI, E. *Experimentando linguística na escola:* conhecimento gramatical, leitura e escrita. Campinas, SP: Editora Pontes, 2020.

SEDIVY, J. *Language in mind:* an introduction to psycholinguistics. New York: Oxford University Press, 2020.

SKINNER, B. F. *Verbal behavior.* New York: Appleton-Century-Crofts, 1957.

SPIVEY, M.; JOANISSE, M.; MCRAE, K. (eds.). *The Cambridge handbook of psycholinguistics*. Cambridge University Press, 2012.

TRAXLER, M. J. *Introduction to psycholinguistics*: understanding language science. Oxford, UK: Wiley Blackwell, 2018.

WARREN, P. *Introducing psycholinguistics*. Nova York: Cambridge University Press, 2013.

Sociolinguística

Elisa Battisti

O QUE É A SOCIOLINGUÍSTICA?

Sociolinguística é um campo de estudos sobre linguagem e sociedade.

O primeiro registro do termo *sociolinguística* ocorreu no título de um trabalho em antropologia publicado na Índia – *Sociolinguistics in India* –, de Hodson (1939)[1]. No entanto, o uso do termo em um estudo efetivamente sociolinguístico, sobre diferenças de fala e *status* social, é de Currie (1952), como o próprio autor defende (Currie, 1980).

A sociolinguística vem a reunir um corpo maior de pesquisadores e a estabelecer-se como programa de investigação somente nos anos 1960. De acordo com Spolsky (2011), o Conselho de Pesquisa em Ciências Sociais (Social Science Research Council, https://www.ssrc.org/) instituiu o Comitê de Sociolinguística em 1963. Esse comitê encarregou-se de planejar um evento crucial para a instituição do campo de estudos: o UCLA Sociolinguistics Conference, ocorrido em 1964 na Universidade da Califórnia, em Los Angeles. Alguns dos participantes do evento são hoje considerados os fundadores de diferentes perspectivas de investigação sociolinguística: William Labov, à época já interessado pelos determinantes sociais e linguísticos da variação e mudança, é um dos proponentes da teoria da variação, fundamento da sociolinguística variacionista ou quantitativa; Dell Hymes, dedicado aos aspectos socioculturais dos usos da linguagem na comunicação e na educação, lançou as bases da etnografia da comunicação e da sociolinguística educacional, na esteira da teoria da comunicação, de Jakobson; John Gumperz, interessado pelo uso da linguagem na interação social, especialmente pela fala em encontros face a face, contribuiu para a consolidação da sociolinguística

174 A linguística hoje

interacional; Charles Ferguson e Joshua Fishman, preocupados em esclarecer como o uso de diferentes línguas afeta as sociedades, firmaram a sociologia da linguagem, investigando questões como bilinguismo e diglossia, planejamento linguístico, educação bilíngue, linguagem e identidade étnica; William Bright, pesquisador de línguas indígenas americanas e línguas sul-asiáticas, mobilizava necessariamente linguística e antropologia em seus estudos. Além desses nomes, cabe mencionar outros linguistas não participantes do evento, mas igualmente relevantes à fundação do campo: Einar Haugen, já nos anos 1960 uma autoridade em bilinguismo e alternância de língua, propôs mais tarde a ecologia da linguagem; Uriel Weinreich, então reconhecido por seus estudos sobre contato linguístico; Susan Ervin-Tripp, especialista em aquisição transcultural da linguagem.

O objetivo do evento de 1964 foi reunir pesquisadores que propusessem uma teoria e respectivo programa de investigação para, assim, ultrapassar os limites da teoria formalista chomskiana, hegemônica na pesquisa linguística à época. As discussões do evento e publicações subsequentes lançaram luz a aspectos culturais e sociossituacionais relacionados à diversidade linguística, à variação e mudança, aos diferentes usos da linguagem. Não originaram uma teoria única, mas um conjunto de teorias sociolinguísticas constituidoras do campo de estudos, cada qual com seus pressupostos, modelo de análise e questões específicas. Por isso, pode-se afirmar, como fizemos em outra publicação (Battisti, Othero e Flores, 2022), que a sociolinguística, desde a fundação do campo, reúne tradições de investigação diversas, com objetos de estudo, objetivos e métodos de pesquisa particulares.

O QUE A SOCIOLINGUÍSTICA ESTUDA?

Os objetos de estudo da sociolinguística são de dois grandes tipos, conforme Hymes (1972): de um lado, relacionados à diversidade linguística, no que se refere a questões de política e de escolha de línguas; de outro, relacionados ao controle de fatores sociais na pesquisa linguística e de fatores linguísticos na pesquisa social.

Sobre a diversidade linguística, podem-se estudar, por exemplo, os domínios de uso – familiar, religioso, laboral etc. – de uma e outra língua ou dialeto (no Brasil, o português e as línguas indígenas ou línguas de imigração alemã, italiana, japonesa, árabe etc.), em uma dada comunidade ou grupo; as políticas de uso e ensino das línguas ou dialetos, se estabelecidas, ou o planejamento linguístico que resulte nessas políticas, como se faz na linha da sociologia da linguagem. Pode-se estudar, além disso, o uso de certas formas linguísticas em situações sociais particulares, conforme as relações sociais estabelecidas entre os participantes, na construção e interpretação de sentidos, a partir do que se fala e se realiza com a fala, na interação social. Por exemplo, um atendente de loja, falante do português de Porto Alegre, no sul do Brasil, pode usar "Quantos tu queres?", "Quantos tu qué?" ou, eventualmente, "Quantos você (o senhor, a senhora) quer (qué)?", a depender de traços (muitas vezes, presumidos) dos interlocutores – idade, gênero, classe social, identificação a um grupo de pertença, entre outros –, da imagem de si que quer transmitir e do efeito que quer causar no interlocutor, o que, embora tácito, é, em boa medida, culturalmente estabelecido. É o que se pode investigar, qualitativamente, nas linhas da sociolinguística interacional e da etnografia da comunicação, a depender das perguntas de pesquisa e dos procedimentos metodológicos empregados na coleta e análise dos dados.

Quanto ao controle de fatores sociais na pesquisa linguística, pode-se estudar, como faz a sociolinguística variacionista, a correlação de idade, nível de escolaridade, bairro de residência, gênero etc., bem como de fatores linguísticos (classe de palavra, posição da sílaba na palavra, posição de elementos no sintagma etc.), com as variantes de uma dada variável – por exemplo, as variantes *nós ~ a gente* na expressão de primeira pessoa de plural no português brasileiro. O tratamento estatístico ou quantitativo de dados revela os fatores que condicionam ou desfavorecem o uso de uma ou outra variante, na comunidade de fala investigada. Na via inversa, a do controle de fatores linguísticos na pesquisa social, pode-se estudar o papel de línguas e formas linguísticas na manutenção de práticas e identidades sociais – um exemplo poderia ser, no Brasil, investigar o uso da língua bantu, ou de formas dessa língua, em práticas religiosas que, por seu turno, contribuiriam na estruturação das sociedades quilombolas.

QUAIS SÃO AS GRANDES LINHAS DE INVESTIGAÇÃO?

As linhas de investigação sociolinguística podem ser agrupadas conforme seu direcionamento: da língua para o social, em estudos cujo objeto é a diversidade linguística, ou do social para a língua, em estudos que controlam os efeitos de fatores sociais sobre as formas da língua.

A etnografia da comunicação (Hymes, 1974), a sociolinguística interacional (Gumperz, 1982) e a sociologia da linguagem (Fishman, 1972) exploram a diversidade linguística. Centram a atenção no que se faz com a língua em sociedade. Na etnografia da comunicação, busca-se esclarecer os padrões culturais de uso das diferentes formas linguísticas – *quando, onde, com quem, para que, de que modo* usa-se a linguagem nas trocas linguísticas, nas diferentes comunidades. Na sociolinguística interacional, especialmente na vertente etnometodológica da análise da conversa (Sacks, Schegloff e Jefferson, 1974), o foco está na construção de sentidos nas trocas linguísticas, processo que se dá à medida que se organiza e desenvolve a fala-em-interação. Ao examinar os dados, responde questões como *o que está acontecendo aqui, neste momento? Por que o participante A silenciou? Por que o participante B escolheu a forma x para se expressar, qual o efeito de sentido sinalizado por ele?* Já a sociologia da linguagem mobiliza-se em torno da circulação de línguas e dialetos observados em certas comunidades, norteada por questões como *por que, neste espaço social, se fala esta língua/dialeto, não outra/o?*

A sociolinguística variacionista (Labov, 1972), por seu turno, controla fatores sociais na pesquisa linguística, examinando os efeitos de traços característicos de grupos de falantes, situados em diferentes estratos sociais – de classe, escolaridade, gênero, faixa etária etc. – nas comunidades de fala, sobre os padrões de variação e mudança linguística. A questão canônica dessa perspectiva de investigação, acerca do processo variável em questão, é a seguinte: *que fatores linguísticos e sociais favorecem ou desfavorecem o processo?*

QUE ESTUDOS PODEM SER DESENVOLVIDOS COM A SOCIOLINGUÍSTICA?

Os estudos sociolinguísticos recortam seu objeto de uma realidade multifacetada. Por isso, são diferentes as perspectivas a partir de que se pode examiná-la. Os exemplos de estudos que se podem desenvolver com a sociolinguística, aqui suscintamente abordados, voltam-se a uma mesma realidade, a de comunidades brasileiras em que se observa o uso, além do português (língua majoritária), de línguas de imigração (minoritárias) como o talian[2], falado no Rio Grande do Sul, Paraná, Santa Catarina, Mato Grosso e Espírito Santo, e o hunsriqueano[3], falado nesses mesmos estados, exceto em Mato Grosso.

Pertile (2009), na perspectiva da sociologia da linguagem, busca esclarecer o que leva à perda ou à manutenção do talian em quatro comunidades ao norte do Rio Grande do Sul. A partir de dados históricos, estatísticos, demográficos e entrevistas semidirigidas, a pesquisadora verificou a perda da língua de imigração, vinculada à política de repressão vigente no governo de Getúlio Vargas, ao monolinguismo português praticado nas escolas, à urbanização, à ausência de suporte institucional à língua, aliada à falta de uma conscientização linguística sobre os benefícios do bilinguismo e da prática da língua de origem. Já a manutenção do talian, quando observada, deve-se à transmissão intergeracional, ao relativo isolamento e à concentração demográfica do grupo de fala (homogeneidade étnica), bem como às atitudes positivas dos falantes em relação à língua de origem.

Em comunidades bilíngues como as investigadas por Pertile (2009), o contato relativamente prolongado com línguas de imigração deixa traços no português. A realização de r-fraco (tepe alveolar) em início de sílaba, em contextos de r-forte (vibrante alveolar ou variantes fricativas), como em *cacho[r]o*, em lugar de *cacho[r]o ~ cacho[x]o ~ cacho[h]o*, é um desses traços. Battisti e Martins (2011) analisam os condicionadores de tal realização variável na linha da sociolinguística variacionista, no português de contato com o talian em Flores da Cunha, município a nordeste do Rio Grande do Sul. Já Kanitz e Battisti (2013) investigam o uso de r-fraco em contexto de r-forte na construção de sentidos, na fala em interação, pela análise da conversa etnometodológica, examinando o português de contato com o hunsriqueano em uma família do município de Sinimbu, na região centro-oriental rio-grandense. Enquanto a análise de Battisti e Martins (2011) revela uma proporção total de 46% de realização de r-fraco, em declínio entre os mais jovens, favorecida em posição medial da palavra por falantes idosos, do gênero masculino, habitantes da zona rural, o estudo de Kanitz e Battisti (2013) mostra que o emprego de r-fraco em contexto de r-forte ocorre de modo periférico à interação quando produzido por participantes com mais de 40 anos de idade, mas é problematizado pelos interlocutores quando usado por um participante jovem, de apenas 27 anos. Em outro estudo, Curioletti (2021) vale-se de procedimentos etnográficos, associados a testes de percepção e avaliação, para investigar as práticas sociais e o valor da realização de r-fraco em contexto de r-forte no português de contato com o talian em Planalto, Concórdia, no sudoeste de Santa Catarina. Observa que r-fraco, mesmo realizado localmente em proporção significativa (79%) em diferentes práticas cotidianas, é associado, por membros da própria comunidade, a sotaque do interior. A variante fricativa de r-forte na fala masculina recebe as maiores notas no teste de avaliação, ainda que, no português da comunidade, observe-se apenas 12% de realizações fricativas, predominantes no contexto supralocal.

O QUE EU PODERIA LER PARA SABER MAIS?

São muitas as publicações sobre sociolinguística ao alcance de quem quiser saber mais sobre esse campo de estudos. Um número significativo delas está disponível no Brasil, traduzida ou escrita em português.

Para quem busca textos introdutórios, indico os capítulos de Alkmim (2001), Camacho (2001), Battisti, Othero e Flores (2022) e os livros de Calvet (2002), Meyerhoff (2011), Bortoni-Ricardo (2014).

Obras de referência em sociolinguística, sobre teorias e diferentes perspectivas de investigação, são os livros de Wodak, Johnstone e Kerswill (2011), Mesthrie (2011), a que se somam Mollica e Ferrarezi Junior (2016). Já Figueroa (1994) e Camacho (2013) empreendem reflexão metateórica sobre sociolinguística. E volumes como os de Smakman e Heinrich (2015) e Coupland (2016) discutem os desafios teóricos e metodológicos da pesquisa sociolinguística contemporânea, realizada em diferentes regiões do globo, face a novas demandas culturais e tecnológicas.

Quanto às duas perspectivas mais exploradas pelos sociolinguistas brasileiros, a interacionista e a variacionista, Ribeiro e Garcez (2002) compilam textos fundamentais em sociolinguística interacional, e Loder e Jung (2008, 2009) e Ostermann (2012) apresentam uma proposta teórico-metodológica nessa linha, a da análise da conversa etnometodológica. Já Labov (2008) é a edição, em português, da obra fundamental em sociolinguista variacionista. A teoria e a metodologia laboviana são apresentadas nos capítulos de Mendes (2013), Battisti, Othero e Flores (2021) e nos manuais introdutórios de Mollica e Braga (2003), Coelho, Görski, Souza e May (2015). Sobre a metodologia da pesquisa sociolinguística variacionista, são de interesse os livros de Tarallo (2006), Guy e Zilles (2007), e Freitag (2014). Coletâneas como a de Tarallo (1989), Martins e Abraçado (2015), Brescancini e Monaretto (2020) divulgam os resultados dos estudos variacionistas de vários pesquisadores.

Outras obras exploram questões em sociolinguística, como as coletâneas de Barreto e Salgado (2009), Mello, Altenhofen e Raso (2011), sobre contatos linguísticos, e o livro de Preti (2000), sobre variedades linguísticas, dialetos sociais e normas de uso da linguagem.

Notas

[1] Informação disponível na revista *Language in Society* ("The Origin of 'Sociolinguistics'", 1979), periódico pioneiro em sociolinguística, fundado em 1972 e editado por Dell Hymes até 1984.

Sociolinguística **179**

[2] A língua talian recebeu, do Instituto do Patrimônio Histórico e Artístico Nacional (Iphan), o título de Referência Cultural Brasileira em 10 de novembro de 2014. "Sua origem linguística é o italiano e os dialetos falados, principalmente, nas regiões do Vêneto, Trentino-Alto e Friuli-Venezia Giulia e Piemontes, Emilia-Romagna e Ligúria." (Disponível em: http://portal.iphan.gov.br/pagina/detalhes/183/. Acesso em: 28 nov. 2022).

[3] Segundo Altenhofen e Morello (2018: 37), a língua de imigração hunsriqueana tem sua "matriz de origem no Hunsrück e Palatinado, no centro-oeste da Alemanha [...] engloba um contínuo de variantes linguísticas que se estende do francônio-moselano ([+dialetal]) ao francônio-renano ([+próximo do *standard*])". Chegou ao Brasil com as primeiras levas de imigrantes alemães a partir de 1824. Desde então, vem sofrendo influências de contatos linguísticos com outras variedades do alemão, com o português e com as demais línguas faladas no entorno.

Referências

ALKMIM, T. M. Sociolinguística – Parte 1. In: MUSSALIM, F.; BENTES, A. C. (orgs.). *Introdução à linguística:* domínios e fronteiras – v. 1. São Paulo: Cortez, 2001, pp. 21-47.

ALTENHOFEN, C. V.; MORELLO, R. *Hunsrückisch:* inventário de uma língua do Brasil. Florianópolis: Garapuvu, 2018.

BARRETTO, M. M. G. S.; SALGADO, A. C. P. (orgs.). *Sociolinguística no Brasil:* uma contribuição dos estudos sobre línguas em/de contato: uma homenagem ao professor Jürgen Haye. Rio de Janeiro: 7Letras, 2009.

BATTISTI, E.; MARTINS, L. B. A realização variável de vibrante simples em lugar de múltipla no português falado em Flores da Cunha (RS): mudanças sociais e linguísticas. *Cadernos do IL.* n. 42, pp.146-158, 2011.

BATTISTI, E.; OTHERO, G.; FLORES, V. do N. A sociolinguística: o uso. In: *Conceitos básicos de linguística:* sistemas conceituais. São Paulo: Contexto, 2021, pp. 209-267.

BATTISTI, E.; OTHERO, G.; FLORES, V. do N. Sociolinguística. In: *Conceitos básicos de linguística:* noções gerais. São Paulo: Contexto, 2022, pp. 178-180.

BORTONI-RICARDO, S. M. *Manual de sociolinguística.* São Paulo: Contexto, 2014.

BRESCANCINI, C. R.; MONARETTO, V. N. de O. (orgs.). *Sociolinguística no Brasil:* textos selecionados. Porto Alegre: EDIPUCRS, 2020.

ENCYCLOPAEDIA BRITANNICA. Sociolinguistics. 19 dez. 2008. Disponível em: <https://www.britannica.com/science/sociolinguistics>. Acesso em: 19 set. 2022.

CALVET, L-J. *Sociolinguística:* uma introdução crítica. Trad. Marcos Marcionilo. São Paulo: Parábola, 2002.

CAMACHO, R. G. Sociolinguística – Parte 2. In: MUSSALIM, F.; BENTES, A. C. (orgs.). *Introdução à linguística:* domínios e fronteiras – v. 1. São Paulo: Cortez, 2001. pp. 49-75.

CAMACHO, R. G. *Da linguística formal à linguística social.* São Paulo: Parábola, 2013.

CHOMSKY, N. *Syntactic structures.* The Hague: Mouton Publishers, 1957.

COELHO, I. L.; GÖRSKI, E.; SOUZA, C. M. N. de; MAY, G. H. *Para conhecer sociolinguística.* São Paulo: Contexto, 2015.

COUPLAND, N. (ed.) *Sociolinguistics:* theoretical debates. Cambridge: Cambridge University Press, 2016.

CURIOLETTI, D. S. S. *A realização variável de /r/ em onset silábico no português falado por ítalo-brasileiros do distrito de Planalto, Concórdia (SC):* produção e percepções linguísticas. Porto Alegre, 2021, Tese de Doutorado em Letras – Universidade Federal do Rio Grande do Sul, Instituto de Letras, Programa de Pós-Graduação em Letras.

CURRIE, H. C. A projection of sociolinguistics: the relationship of speech to social status. *Southern Speech Journal.* v. 18, n. 1, 1952, pp. 28-37.

CURRIE, H. C. 1980. On the proposal of sociolinguistics as a discipline of research. *Language in Society.* v. 9, n. 3, 1980, pp. 407-411.

FIGUEROA, Esther. *Sociolinguistic metatheory.* Oxford: Elsevier Science, 1994.

FISHMAN, Joshua A. The sociology of language. In: *The sociology of language*: an interdisciplinary social science approach to language in society. Rowley: Newbury House Publishers, 1972, pp. 1-7.

FREITAG, R. M. K. (org.). *Metodologia de coleta e manipulação de dados em sociolinguística.* São Paulo: Blucher, 2014.

180 A linguística hoje

GUMPERZ, J. J. *Discourse strategies*. Cambridge: Cambridge University Press, 1982.

GUY, G. R.; ZILLES, A. *Sociolinguística quantitativa:* instrumental de análise. São Paulo: Parábola Editorial, 2007.

HODSON, T. C. *Sociolinguistics in India. Man in India*. 1939.

HYMES, D. Editorial introduction to language in society. *Language in Society*. v. 1, n. 1, 1972, pp. 1-14.

HYMES, D. *Foundations in sociolinguistics*. An ethnographic approach. Philadelphia: University of Pennsylvania Press, 1974.

KANITZ, A.; BATTISTI, E. Variação sociolinguística na fala-em-interação: análise quantitativa e qualitativa do uso variável de vibrante simples em lugar de múltipla no português brasileiro de bilíngues português-alemão. *Letrônica*. v. 6, n. 1, 2013, pp. 3-25.

LABOV, W. *Sociolinguistic patterns*. Philadelphia: University of Pennsylvania Press, 1972.

LABOV, W. *Padrões sociolinguísticos*. São Paulo: Parábola, 2008.

LODER, L. L.; JUNG, N. M. *Fala-em-interação social:* introdução à análise da conversa etnometodológica. Campinas: Mercado de Letras, 2008.

LODER, L. L.; JUNG, N. M. *Análises de fala-em-interação institucional:* a perspectiva da análise da conversa etnometodológica. Campinas: Mercado de Letras, 2009.

MARTINS, M. A.; ABRAÇADO, J. (orgs.). *Mapeamento sociolinguístico do português brasileiro*. São Paulo: Contexto, 2015.

MELLO, H.; ALTENHOFEN, C. V.; RASO, T. (orgs.). *Os contatos linguísticos no Brasil*. Belo Horizonte: Editora da UFMG, 2011.

MENDES, R. B. Língua e variação. In: FIORIN, J. L. (org.). *Linguística? Que é isso?* São Paulo: Contexto, 2013, pp.111-135.

MESTHRIE, R. (ed.). *The Cambridge handbook of sociolinguistics*. Cambridge: Cambridge University Press, 2011.

MEYERHOFF, M. *Introducing sociolinguistics*. London/New York: Routledge, 2011.

MOLLICA, M. C.; BRAGA, M. L. (orgs.). *Introdução à sociolinguística: o tratamento da variação*. São Paulo: Contexto, 2003.

MOLLICA, M. C.; FERRAREZI JUNIOR, C. (orgs.). *Sociolinguística, sociolinguísticas:* uma introdução. São Paulo: Contexto, 2016.

OSTERMANN, A. C. Análise da conversa: o estudo da fala-em-interação. In: OSTERMANN, A. C.; MENEGHEL, S. N. (orgs.). *Humanização, gênero, poder:* contribuições dos estudos de fala-em-interação para a atenção à saúde. Campinas, SP: Mercado de Letras; Rio de Janeiro: Editora Fiocruz, 2012. pp. 33-43.

PERTILE, M. T. *O talian entre o italiano-padrão e o português brasileiro:* manutenção e substituição linguística no Alto Uruguai gaúcho. Tese (Doutorado em Letras) – Universidade Federal do Rio Grande do Sul, Instituto de Letras, Programa de Pós-Graduação em Letras, Porto Alegre, 2009.

PRETI, D. *Sociolinguística, os níveis de fala:* um estudo sociolinguístico do diálogo na literatura brasileira. São Paulo: EDUSP, 2000.

RIBEIRO, B. T.; GARCEZ, P. de M. *Sociolinguística interacional*. São Paulo: Loyola, 2002.

SACKS, H.; SCHEGLOFF, E. A.; JEFFERSON, G. A simplest systematics for the organization of turn-taking for conversation. *Language*, v. 50, n. 4, part 1, 1974, pp. 696-735.

SMAKMAN, D.; HEINRICH, P.(ed.). *Globalising sociolinguistics:* challenging and expanding theory. Routledge: Oxon/New York, 2015.

SPOLSKY, B. Ferguson and Fishman: sociolinguistics and the sociology of language. In: WODAK, R.; JOHNSTONE, B.; KERSWILL, P. (eds.). *The SAGE handbook of sociolinguistics*. London/Thousand Oaks: SAGE Publications Limited, 2011, pp.11-23.

TARALLO, F. (org.). *Fotografias sociolinguísticas*. Campinas, SP: Pontes/ Editora da Unicamp, 1989.

TARALLO, F. *A pesquisa sociolinguística*. São Paulo: Ática, 2006.

THE ORIGIN OF 'SOCIOLINGUISTICS'. *Language in Society,* 8(1), 1979, pp. 141.

WODAK, R.; JOHNSTONE, B.; KERSWILL, P. (eds.). *The SAGE handbook of sociolinguistics*. London/ Thousand Oaks: SAGE Publications Limited, 2011.

Os organizadores

Gabriel de Ávila Othero é professor de Linguística de graduação e pós-graduação da Universidade Federal do Rio Grande do Sul (UFRGS). É autor do livro *Teoria X-barra*, coautor de *Conceitos básicos de linguística: sistemas conceituais* e *Conceitos básicos de linguística: noções gerais* e *Para conhecer sintaxe*, além de coorganizador de *Sintaxe, sintaxes: uma introdução*, *Chomsky: a reinvenção da linguística*, e *Saussure e a Escola de Genebra*.

Valdir do Nascimento Flores é professor titular de graduação e pós-graduação de Língua Portuguesa da UFRGS. É coorganizador dos livros *Dicionário de Linguística da Enunciação*, *Saussure* e *Saussure e a Escola de Genebra*, coautor de *Enunciação e discurso*, *Semântica, semânticas: uma introdução*, *Introdução à linguística da enunciação*, *Enunciação e gramática*, *Conceitos básicos de linguística: sistemas conceituais*, *Conceitos básicos de linguística: noções gerais*, e autor de *A linguística geral de Ferdinand de Saussure*.

Os autores

Alena Ciulla é tradutora e professora do Departamento de Letras Clássicas e Vernáculas e do Programa de Pós-graduação do Instituto de Letras, na UFRGS. É coautora do livro *Referenciação*.

Ana Suelly Arruda Câmara Cabral é professora titular do Departamento de Linguística, Português e Línguas Clássicas do Instituto de Letras da Universidade de Brasília (UnB), coordenadora do Laboratório de Línguas e Literaturas Indígenas (LALLI) e editora da *Revista Brasileira de Linguística Antropológica* da mesma universidade.

Aniela Improta França é professora titular do Departamento de Linguística da Universidade Federal do Rio de Janeiro (UFRJ) e diretora adjunta do Departamento de Pós-graduação da Faculdade de Letras da mesma univer-sidade. É coautora dos livros *A linguística no século XXI*, *Psicolinguística, psicolinguísticas*, *Chomsky: a reinvenção da linguística*, *Psicolinguística: diversidades, interfaces e aplicações*, e autora e organizadora de *Linguística para fonoaudiologia*.

Carlos Piovezani é professor associado do Departamento de Letras da Universidade Federal de São Carlos (UFSCar) e pesquisador do CNPq. Estuda a história da fala pública e discursos da política e da mídia. É coorganizador do livro *Legados de Michel Pêcheux* e coautor do livro *Saussure: a invenção da linguística*.

Carmen Rosa Caldas-Coulthard é professora catedrática e fundadora do Programa de Doutorado da Pós-graduação de Inglês: Estudos Linguísticos e Literários da Universidade Federal de Santa Catarina (UFSC).

184   A linguística hoje

Cléo Vilson Altenhofen é professor titular do Instituto de Letras da UFGRS, com formação na área de germanística e dialetologia. No PPG-Letras, atua na linha de pesquisa de Sociolinguística. Em parceria com Harald Thun (Univ. Kiel), coordena o Projeto ALMA (Atlas Linguístico-Contatual das Minorias Alemãs na Bacia do Prata).

Eduardo Kenedy é professor de Linguística da Universidade Federal Fluminense (UFF) e membro do Programa de Pós-graduação *Stricto-Sensu* em Estudos da Linguagem da UFF. É coorganizador de *Sintaxe, sintaxes* e *Chomsky: a reinvenção da linguística*, autor de *Curso básico de linguística gerativa*, e coautor de *Para conhecer sintaxe, Psicolinguística, psicolinguísticas, Manual de Linguística* e *Psicolinguística: diversidades, interfaces e aplicações*.

Elisa Battisti é professora de Linguística de graduação e pós-graduação da UFRGS. É coautora dos livros *Fonologia, fonologias, História do português brasileiro* (vol. III), *Conceitos básicos de linguística: sistemas conceituais* e *Conceitos básicos de linguística: noções gerais*.

Ingrid Finger é professora do Departamento de Línguas Modernas e do Programa de Pós-Graduação em Letras da UFRGS e coordenadora do Laboratório de Bilinguismo e Cognição – Labico/UFRGS. É coautora dos livros *Psicolinguística, psicolinguísticas: uma introdução* e *Psicolinguística: diversidades, interfaces e aplicações*.

Leonel Figueiredo de Alencar é professor titular da Universidade Federal do Ceará (UFC), vinculado ao Programa de Pós-graduação em Linguística, e líder do grupo de pesquisa Computação e Linguagem Natural (CompLin).

Lilian Ferrari é professora titular do Departamento de Linguística e Filologia, da UFRJ, membro permanente do Programa de Pós-graduação em Linguística/UFRJ, e líder do Laboratório de Pesquisas em Linguística Cognitiva (LINC-UFRJ). É autora do livro *Introdução à linguística cognitiva*, e coautora de *Linguagem para formação em letras, educação e fonoaudiologia, A linguística no século XXI* e *Sociolinguística, sociolinguísticas*.

Marilisa Shimazumi é doutora em Linguística Aplicada e Estudos da Linguagem pela PUC-SP e leciona nos cursos de graduação e pós-graduação na Faculdade Cultura Inglesa São Paulo e FATEC-SP.

Sanderson Castro Soares de Oliveira é professor permanente do Programa de Pós-graduação em Letras da Universidade Federal do Amazonas, onde atua como Chefe do DEEI e como coordenador do Curso de Especialização em Educação Escolar Indígena. É pesquisador do Laboratório de Línguas Indígenas da UnB.

Simone Sarmento é professora da Universidade Federal do Rio Grande do Sul e coordenadora do Programa de Pós-graduação em Letras da mesma universidade. É bolsista de produtividade em pesquisa do CNPq nível 2.

Simone Vieira Resende é doutora em Linguística Aplicada e Estudos da Linguagem pela PUC-SP e leciona nos cursos de graduação da Escola Britânica de Artes Criativas (E.B.A.C.) e no curso de Pós-graduação em Tradução do Inglês e do Espanhol da CULT-Estácio.

Sírio Possenti é professor titular no Departamento de Linguística da Unicamp e pesquisador do CNPq. Estuda as relações entre discurso e humor. É coautor dos livros *Ethos discursivo*, *Fórmulas discursivas*, *Discurso e (des)igualdade social* e *A (des)ordem do discurso*.

Tony Berber-Sardinha é professor do LAEL, PUC-SP, pesquisador 1A do CNPq, coordenador do Centro de Pesquisas, Recursos e Informação em Linguagem (Cepril), editor-chefe da revista *DELTA* e editor de Linguística de *Corpus* da *Encyclopedia of Applied Linguistics*. É coautor dos livros *Linguística da internet* e *Texto ou discurso?*.

Leia também

LINGUÍSTICA APLICADA
ENSINO DE PORTUGUÊS

Ana Elisa Ribeiro
Carla Viana Coscarelli

O ensino da língua portuguesa está presente durante toda a trajetória da educação básica. Assim, é um tema inescapável para professores e futuros professores. A Linguística Aplicada, por sua vez, busca compreender os usos da linguagem (ou das linguagens) e como ela é adquirida e usada para resolver problemas e situações da nossa vida. Esta obra, repleta de exemplos e atividades, apresenta uma cronologia do desenvolvimento da Linguística Aplicada, mostrando como ela influenciou e segue influenciando nossas concepções de educação e, mais especificamente, de ensino de português nas escolas.

Leia também

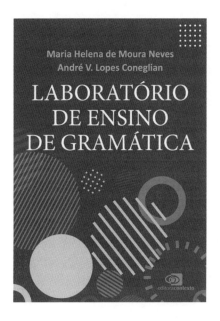

LABORATÓRIO DE ENSINO DE GRAMÁTICA

Maria Helena de Moura Neves
André V. Lopes Coneglian

Maria Helena de Moura Neves e André V. Lopes Coneglian trazem nesta obra – a última da grande mestra – uma proposta de ensino que leva o estudante a perceber que sua língua é plural e variada. Assim, ela não só lhe permite construir e verbalizar suas experiências e desejos, mas também lhe fornece instrumentos para agir sobre o mundo, as pessoas e as instituições. Com sugestões de exercícios, o livro traz o essencial em termos teóricos e práticos para que o futuro professor consiga mostrar, de forma efetiva, em sala de aula o mecanismo gramatical da língua, que produz os significados e obtém os efeitos na linguagem. Livro indispensável para professores e alunos de Letras e cursos afins.

CADASTRE-SE
EM NOSSO SITE,
FIQUE POR DENTRO DAS NOVIDADES
E APROVEITE OS MELHORES DESCONTOS

LIVROS NAS ÁREAS DE:

História | Língua Portuguesa
Educação | Geografia | Comunicação
Relações Internacionais | Ciências Sociais
Formação de professor | Interesse geral

ou
editoracontexto.com.br/newscontexto

Siga a Contexto
nas Redes Sociais:
@editoracontexto

GRÁFICA PAYM
Tel. [11] 4392-3344
paym@graficapaym.com.br